REDES DE COMPUTADORES III

R314	Redes de computadores III : níveis de enlace e físico / César Augusto Hass Loureiro ... [et al.] – Porto Alegre : Bookman, 2014. xii, 176 p. ; 25 cm.
	ISBN 978-85-8260-227-0
	1. Informática. 2. Redes de computadores. I. Loureiro, César Augusto Hass.
	CDU 004.7

Catalogação na publicação: Poliana Sanchez de Araujo – CRB 10/2094

CÉSAR AUGUSTO HASS LOUREIRO
MARCELO AUGUSTO RAUH SCHMITT
ANDRÉ PERES
ALEX MARTINS DE OLIVEIRA

REDES DE COMPUTADORES III

NÍVEIS DE ENLACE E FÍSICO

bookman

2014

© Bookman Companhia Editora, 2014

Gerente editorial: *Arysinha Jacques Affonso*

Colaboraram nesta edição:

Editora: *Maria Eduarda Fett Tabajara*

Capa e projeto gráfico: *Paola Manica*

Ilustrações: *Thiago André Severo de Moura*

Processamento pedagógico: *Sandra Chelmicki*

Editoração: *Armazém Digital Editoração Eletrônica – Roberto Carlos Moreira Vieira*

Reservados todos os direitos de publicação à
BOOKMAN EDITORA LTDA., uma empresa do GRUPO A EDUCAÇÃO S.A.
O selo Tekne engloba publicações voltadas à educação profissional e tecnológica.
Av. Jerônimo de Ornelas, 670 – Santana
90040-340 – Porto Alegre – RS
Fone: (51) 3027-7000   Fax: (51) 3027-7070

É proibida a duplicação ou reprodução deste volume, no todo ou em parte, sob quaisquer formas ou por quaisquer meios (eletrônico, mecânico, gravação, fotocópia, distribuição na Web e outros), sem permissão expressa da Editora.

Unidade São Paulo
Av. Embaixador Macedo Soares, 10.735 – Pavilhão 5 – Cond. Espace Center
Vila Anastácio – 05095-035 – São Paulo – SP
Fone: (11) 3665-1100   Fax: (11) 3667-1333

SAC 0800 703-3444 – www.grupoa.com.br

IMPRESSO NO BRASIL
PRINTED IN BRAZIL

Autores

César Augusto Hass Loureiro é graduado em Tecnologia da Informação pela Universidade Luterana do Brasil (ULBRA), especialista em Gestão Estratégica pela Universidade de São Paulo (NAIPE-USP) e Mestre em Ciência da Computação pela Universidade Federal do Rio Grande do Sul (UFRGS). Atualmente, exerce o cargo de professor no Instituto Federal de Educação, Ciência e Tecnologia do Rio Grande do Sul (IFRS/POA), na Faculdade de Tecnologia SENAC/RS e na ULBRA.

Marcelo Augusto Rauh Schmitt é graduado em Ciência da Computação pela Universidade Federal do Rio Grande do Sul (UFRGS), Mestre em Ciência da Computação (UFRGS) e Doutor em Informática na Educação (UFRGS). Atualmente, exerce o cargo de professor no Instituto Federal de Educação, Ciência e Tecnologia do Rio Grande do Sul (IFRS/POA).

André Peres é graduado em Informática pela Pontifícia Universidade Católica do Rio Grande do Sul (PUCRS), Mestre em Ciência da Computação pela Universidade Federal do Rio Grande do Sul (UFRGS) e Doutor em Computação (UFRGS). Atualmente, exerce o cargo de professor no Instituto Federal de Educação, Ciência e Tecnologia do Rio Grande do Sul (IFRS/POA).

Alex Martins de Oliveira é graduado em Ciência da Computação pela Universidade Federal do Rio Grande do Norte e Mestre em Ciência da Computação pela Universidade Federal do Rio Grande do Sul (UFRGS). Atualmente, é professor no Instituto Federal de Educação, Ciência e Tecnologia do Rio Grande do Sul (IFRS/POA).

Para Sueli e Clarissa
César Augusto Hass Loureiro

Para Vanessa, Sofia e Francisco
Marcelo Augusto Rauh Schmitt

Para Fabi e Gui
André Peres

Para Giane, Aléxia, Alyssa e Alderi (in memoriam)
Alex Martins de Oliveira

Ambiente Virtual de Aprendizagem

Se você adquiriu este livro em ebook, entre em contato conosco para solicitar seu código de acesso para o ambiente virtual de aprendizagem. Com ele, você poderá complementar seu estudo com os mais variados tipos de material: aulas em PowerPoint®, quizzes, vídeos, leituras recomendadas e indicações de sites.

Todos os livros contam com material customizado. Entre no nosso ambiente e veja o que preparamos para você!

SAC 0800 703-3444

divulgacao@grupoa.com.br

www.grupoa.com.br/tekne

Apresentação

O Instituto Federal de Educação, Ciência e Tecnologia do Rio Grande do Sul (IFRS), em parceria com as editoras do Grupo A Educação, apresenta mais um livro especialmente desenvolvido para atender aos **eixos tecnológicos definidos pelo Ministério da Educação**, os quais estruturam a educação profissional técnica e tecnológica no Brasil.

A **Série Tekne**, projeto do Grupo A para esses segmentos de ensino, se inscreve em um cenário privilegiado, no qual as políticas nacionais para a educação profissional técnica e tecnológica estão sendo valorizadas, tendo em vista a ênfase na educação científica e humanística articulada às situações concretas das novas expressões produtivas locais e regionais, as quais demandam a criação de novos espaços e ferramentas culturais, sociais e educacionais.

O Grupo A, assim, alia sua experiência e seu amplo reconhecimento no mercado editorial à qualidade de ensino, pesquisa e extensão de uma instituição pública federal voltada ao desenvolvimento da ciência, inovação, tecnologia e cultura. O conjunto de obras que compõe a coleção produzida em **parceria com o IFRS** é parte de uma proposta de apoio educacional que busca ir além da compreensão da educação profissional e tecnológica como instrumentalizadora de pessoas para ocupações determinadas pelo mercado. O fundamento que permeia a construção de cada livro tem como princípio a noção de uma educação científica, investigativa e analítica, contextualizada em situações reais do mundo do trabalho.

Cada obra desta coleção apresenta capítulos desenvolvidos por professores e pesquisadores do IFRS cujo conhecimento científico e experiência docente vêm contribuir para uma formação profissional mais abrangente e flexível. Os resultados desse trabalho representam, portanto, um valioso apoio didático para os docentes da educação técnica e tecnológica, uma vez que a coleção foi construída com base em **linguagem pedagógica e projeto gráfico inovadores**. Por sua vez, os estudantes terão a oportunidade de interagir de forma dinâmica com textos que possibilitarão a compreensão teórico-científica e sua relação com a prática laboral.

Por fim, destacamos que a Série Tekne representa uma nova possibilidade de sistematização e produção do conhecimento nos espaços educativos, que contribuirá de forma decisiva para a supressão da lacuna do campo editorial na área específica da educação profissional técnica e tecnológica. Trata-se, portanto, do começo de um caminho que pretende levar à criação de infinitas possibilidades de formação profissional crítica com vistas aos avanços necessários às relações educacionais e de trabalho.

Clarice Monteiro Escott
Maria Cristina Caminha de Castilhos França
Coordenadoras da coleção Tekne/IFRS

Sumário

capítulo 1
Nível de enlace 1
Introdução 2
Topologia física 2
    Redes em barra 3
    Redes em estrela 4
    Redes em anel 5
Tipos de acesso ao meio físico 6
    Acesso ao meio ordenado 6
        Redes Token Bus 7
        Redes Token Ring 7
        Redes FDDI 9
        Redes Bluetooth 10
    Acesso ao meio compartilhado 12
        Redes Ethernet 15
        Redes WiFi 15
        Redes Zigbee 15
    Enlaces WAN 17

capítulo 2
Enlaces locais 21
Introdução 22
Rede Ethernet 22
    Formato do quadro Ethernet 23
    Endereçamento da rede Ethernet 25
    Ethernet *half-duplex* 26
    Ethernet *full-duplex* 28
    Nomenclatura de nível físico 28
Redes locais sem fio 29
    Serviços de redes locais sem fio 30
    Controle de acesso ao meio 31
        DCF 32
        PCF 35
    Formato do quadro WLAN 35

Endereçamento de redes sem fio 36
Padrões IEEE 802.11 38
Configurações de segurança 40
    WEP 40
    WPA 40
    WPA2 40
    Modos de operação para WPA e WPA2 41

capítulo 3
Protocolo ARP 43
Introdução 44
Relação entre endereços de rede e de enlace 44
Quadro ARP e funcionamento 48
Nomenclatura avançada utilizada com ARP 51
    ARP Caching 51
    Proxy ARP 52
    ARP gratuito 53
    RARP 53

capítulo 4
Equipamentos de redes e VLANs 55
Introdução 56
Hubs 56
Switches 57
    Capacidade máxima de endereços MAC 58
    Protocolo SNMP 59
    Agregação de portas 59
    Velocidade total 59
    Protocolo STP 59
    VLAN 60
Access Point 61
Router 63
Funcionamento de VLANs 63

capítulo 5
Enlaces remotos **67**
Introdução 68
Frame Relay 68
ATM 73
MPLS 77

capítulo 6
Meios de comunicação **81**
Introdução 82
Meios guiados 82
   Cabeamento metálico: coaxial 82
      Funções e aplicações 83
      Tipos de coaxiais 83
   Cabeamento metálico: par trançado 85
      Classificação quanto à blindagem 88
      Classificação quanto à categoria 89
   Cabeamento óptico 92
      Fibra multimodo 94
      Fibra monomodo 96
      Tipos de transmissores 96
Meios não guiados 98
   Ondas de Rádio 98
   Micro-ondas 99
      Micro-ondas terrestre 99
      Micro-ondas por satélite 100
   Infravermelho 101

capítulo 7
Cabeamento estruturado **103**
Introdução 104
Cabeamento estruturado 104
   Normas 105
      Norma ANSI/EIA/TIA 568 106
      Norma ANSI/EIA/TIA 569 107
      Norma ANSI/EIA/TIA 606 108
      Norma ANSI/EIA/TIA 607 109
   Componentes do cabeamento estruturado .. 110
      Entrada do Edifício 111
      Sala de Equipamentos 112
      Cabeamento Backbone 115
      Sala de Telecomunicações 116
      Cabeamento Horizontal 117
      Área de Trabalho 119

capítulo 8
Estrutura de Data Center **123**
Introdução 124
Características dos Data Centers 124
   Sistemas de geração de energia 125
      Geradores 126
      Uninterruptible power supply 126
   Sistema de arrefecimento ou climatização ... 127
      Climatização Self Contained a ar e à água 130
      Climatização Fan Coil 130
   Sistema de combate a incêndio 131
      Treinamento 132
      Gás FM-200 132
      Detecção de fumaça por aspiração 133
   Segurança física 134
   Áreas internas de um Data Center 135
Classificação dos Data Centers 136
   Quanto à prestação de serviço 137
   Quanto às características técnicas 137
      Classificação TIER 138
      Entidades certificadoras 142
Eficiência energética 143
   Métricas 143

capítulo 9
Codificação e sinalização **147**
Introdução 148
Tipos de sinalização 150
   Sinalização digital 150
      Codificação polar 151
      Codificação bipolar 153
      Codificação multinível 154
   Sinalização analógica 155
Modulação por Código de Pulsos 157

capítulo 10
Multiplexação **161**
Introdução 162
Multiplexação por frequência 162
   Sistema telefônico fixo analógico 163
   Radiofrequência 164
   ADSL 165
Multiplexação por tempo 167
   TDM Síncrono 167
   TDM Assíncrono 168
Multiplexação por código CDM 171
   FHSS 171
   DSSS 172
   OFDM 174
   Aplicação do código no CDM 174

capítulo 1

Nível de enlace

O nível de enlace é o responsável pela coordenação da comunicação realizada no meio físico da rede. Cabe a ele controlar o acesso e identificar problemas ocorridos durante a transmissão dos sinais que representam os dados entre dois equipamentos conectados diretamente. Neste capítulo, vamos conhecer como a estrutura de comunicação da rede local é criada, bem como as formas de organização básicas dos enlaces.

Objetivos de aprendizagem

» Identificar os objetivos e a forma de atuação do nível de enlace.
» Distinguir os diversos arranjos de enlace.
» Compreender a utilização dos principais protocolos de enlace.

Introdução

Na arquitetura TCP/IP, os níveis de enlace e físico estão agrupados em um nível externo denominado **intra-rede** (ou interface). A implementação de ambos é independente do TCP/IP, e é feita na interface de rede acoplada ao computador. Essa independência permite a escolha entre diferentes tecnologias de enlace, de acordo com os objetivos da rede, de forma transparente às demais camadas TCP/IP.

O **nível de enlace** (camada 2) está entre o nível físico e o nível de rede (IP) da arquitetura TCP/IP. Durante o processo de transmissão de dados, o enlace recebe os datagramas IP e os prepara para a transmissão no nível físico, organizando-os em quadros (*frames*). A preparação, o endereçamento físico e o controle de acesso e de erros de transmissão dentro da rede local é de responsabilidade do nível de enlace.

Um **enlace local**, também chamado de rede local, é formado sempre que duas ou mais placas de rede compartilham o mesmo meio físico. Esse compartilhamento pode ser feito por meio de um equipamento concentrador (ou hub), um comutador (ou switch), um ponto de acesso sem fios, um segmento de fibra óptica, etc. Para que os equipamentos pertencentes a um enlace local possam se comunicar, os mesmos protocolos de nível de enlace e nível físico devem ser utilizados. Também é necessário haver uma forma de endereçamento nesses níveis.

Graças à flexibilidade proveniente da arquitetura em camadas, podemos escolher entre diversos tipos de tecnologias de enlace, de acordo com os objetivos que buscamos em nossa rede local. Para exemplificar:

- Se o objetivo for uma ligação entre apenas dois equipamentos, com foco na velocidade, podemos utilizar placas de rede de fibra óptica e um segmento de fibra para conectá-los.
- Se desejarmos flexibilidade e mobilidade para os equipamentos, podemos utilizar placas de rede sem fios e um ponto de acesso.
- Se o objetivo for garantir a confiabilidade em uma rede com diversos equipamentos, podemos utilizar placas de rede com fios (pares trançados).
- Quando o objetivo é uma mobilidade de grandes distâncias, podemos utilizar equipamentos de comunicação de dados via telefonia celular.
- Se desejarmos conectar dispositivos próximos sem utilizar fios, podemos empregar placas de rede bluetooth.

Topologia física

A tecnologia de enlace escolhida e os equipamentos utilizados para a criação do enlace criam a **estrutura de comunicação da rede local**. As formas de organização básicas são, conforme a Figura 1.1, enlaces em barra, em estrela ou em anel.

Já vimos essa definição de topologias no primeiro livro desta série (SCHMITT; PERES; LOUREIRO, 2013). Vamos, então, analisar essas topologias com enfoque no enlace de dados.

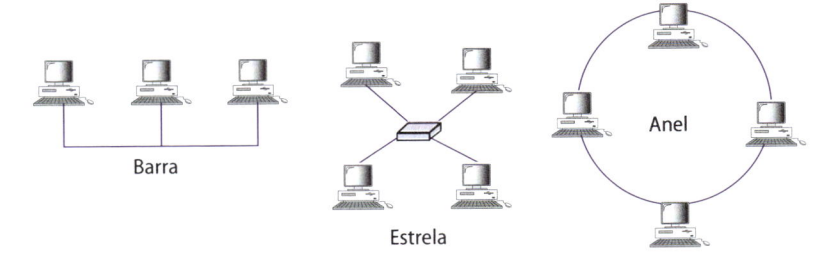

Figura 1.1 Tipos de estruturas físicas de enlace.
Fonte: dos autores.

>> Redes em barra

Um **enlace em barra** possui um meio físico compartilhado diretamente por todas as estações. Os sinais transmitidos no meio físico por uma estação são recebidos por todas as demais. É uma estrutura de simples implementação e não requer equipamento algum além das próprias estações. Devem ser feitas, no entanto, algumas considerações a respeito desse tipo de estrutura:

- Quando duas ou mais estações transmitem simultaneamente no meio físico, a sobreposição dos sinais tornará impossível a comunicação devido à interferência mútua. Essa sobreposição é denominada colisão e cabe ao nível de enlace tratar dessa situação.
- O rompimento da barra em qualquer ponto torna toda a rede inoperante. Isso se deve às características elétricas necessárias para que a rede possa propagar os sinais adequadamente.

> **>> IMPORTANTE**
> No meio físico, são transmitidos sinais que representam bits. Em cabos coaxiais e pares trançados, por exemplo, são transmitidos sinais elétricos; nas placas de redes sem fios, sinais eletromagnéticos; e nas fibras ópticas, sinais ópticos.

>> CURIOSIDADE

As redes em barra foram muito populares na década de 1990, quando eram utilizadas placas de rede padrão IEEE 802.3 (Ethernet) e cabos coaxiais para compor a barra.

- A inclusão de uma nova estação acarreta a interrupção da rede, pois necessita do rompimento da barra para sua inserção no enlace.
- A exclusão (física) de uma estação também acarreta a interrupção da rede, pois a barra será fisicamente alterada.

Redes em estrela

Os problemas de administração da rede, relacionados com o rompimento da barra e a consequente interrupção da rede, motivaram a criação de um elemento concentrador para a barra. Esse concentrador, ou **hub**, é um equipamento com diversas portas nas quais as estações são conectadas. Ao receber sinais em uma porta, o hub interpreta esses sinais, traduzindo-os em bits, e os repete em todas as demais portas.

As estações conectadas a um hub operam como se estivessem em uma barra, apesar de estarem em uma estrutura física de estrela. As redes Ethernet passaram a utilizar cabos de pares trançados para conectar as estações ao hub, substituindo os cabos coaxiais. A inclusão e a exclusão de estações podem ser feitas sem a interrupção da rede, e os problemas de cabeamento passam a ser individualizados por estação – sem interromper toda a rede. O problema de colisão, no entanto, persiste, pois ao receber sinais em duas portas simultaneamente, ocorre a interferência.

Com a evolução tecnológica, a funcionalidade e a complexidade dos equipamentos de conexão das estações aumentaram. Os hubs foram substituídos por comutadores, ou switches, capazes de operar além do nível físico. Os **switches** operam no nível de enlace (nível 2), ou seja, são capazes de receber quadros completos de enlace e realizar todas as operações de coordenação de comunicação desse nível.

Uma das principais vantagens da utilização de switches é que esses equipamentos conseguem interpretar os endereços físicos das estações e, ao receber um quadro, são capazes de repetir o mesmo apenas para a estação destino (ao contrário do hub, que envia para todas as estações). Essa funcionalidade permite que o switch possa gerenciar o recebimento e o envio de duas transmissões simultaneamente. Por exemplo: a estação conectada na porta 1 se comunica com a estação da porta 2 ao mesmo tempo em que a estação da porta 3 se comunica com a estação da porta 4. Assim, o problema de colisões fica resolvido, já que o switch deve ser capaz de receber sinais de portas diferentes ao mesmo tempo.

Os switches operam em diferentes velocidades e modos. Quando uma estação é conectada ao switch, existe um processo de configuração da placa de rede da estação e da porta do switch para que ambos operem da mesma maneira. No Quadro 1.1, relacionamos algumas considerações sobre os modos de operação e a estrutura lógica do enlace.

>> **DICA**
A tradução dos bits em sinais (e de sinais em bits) é realizada pelo nível físico.

>> **IMPORTANTE**
O hub é um equipamento repetidor, ou seja, opera no nível físico. Isso significa que um sinal que chega ao hub é traduzido em bit, e esse bit é traduzido novamente em um novo sinal em todas as portas (é repetido para todas as estações).

>> **DICA**
O hub consegue detectar a ocorrência de uma colisão, porém não consegue recuperar o significado dos sinais com interferência, ou seja, não consegue identificar os bits transmitidos.

Quadro 1.1 » Modos de operação e estrutura lógica do enlace

Comunicação half-duplex	Em determinado momento, a estação pode enviar ou receber dados. Neste modo, a estação continua se comportando como se estivesse em uma estrutura física de barra. A estação não identifica a presença de um switch e que as colisões são controladas por esse equipamento.
Comunicação full-duplex	A estação é capaz de enviar e receber dados ao mesmo tempo. Neste modo, a estação percebe que existe um switch e que não existem colisões na rede, assumindo, então, que está em uma estrutura em estrela e que existe um elemento central coordenando a comunicação.

> **» DICA**
> No Capítulo 4 deste livro, *Redes Locais Virtuais (VLANs) e Equipamentos*, você aprenderá mais sobre os equipamentos utilizados para interconexão das estações.

Um enlace configurado física e logicamente como estrela (uma rede Ethernet com switch operando em *full-duplex*, por exemplo) caracteriza-se da seguinte forma:

- Presença de um elemento central de comunicação que coordena toda a rede – caso esse elemento falhe, a rede é interrompida (ponto único de falhas).
- Possibilita o controle de colisões no elemento central.
- Permite comunicações simultâneas entre duplas de estações diferentes.

Nas redes Ethernet, caso o processo de negociação falhe, ficando uma das pontas (placa de rede ou porta do switch) em *full-duplex* e a outra em *half-duplex*, a ponta em modo *half-duplex* irá acusar a ocorrência de colisões, e a comunicação será impossibilitada. Isso ocorre devido à forma de detecção de colisões das redes Ethernet (protocolo CSMA/CD, que você aprenderá no Capítulo 2 deste livro), que faz com que a estação em *half-duplex* interprete o fluxo *full-duplex* como uma colisão.

> **» DICA**
> Sempre que você identificar colisões em uma rede com switch, investigue a negociação entre switch e estação. Caso necessário, fixe o modo e a velocidade da estação e do switch.

» Redes em anel

A **estrutura de rede em anel** não possui uso em larga escala, ficando restrita a redes com objetivos específicos. Nas redes estruturadas dessa forma, as estações são conectadas entre si, formando o anel. O anel possui um sentido de propagação dos sinais que são recebidos por todas as estações da rede – uma por vez. Cada estação recebe os sinais e os repassa à próxima, até que a estação transmissora retire-os do anel.

Essa estrutura possui problemas similares aos da rede em barra, pois, da mesma forma, o rompimento de um segmento da rede acarreta a interrupção da comunicação total. A inclusão e a exclusão de estações no anel também gera interrupção da rede. Para contornar esses problemas, existem concentradores específicos para redes em anel.

Nas redes em anel, ao contrário da barra, não ocorre a difusão de sinais e, consequentemente, não existem colisões – isso porque a rede opera em apenas um sentido. Um exemplo de protocolo de enlace que utiliza a estrutura em anel é o padrão IEEE 802.5 (Token Ring), utilizado em ambientes industriais e em aplicações com requisitos de tempo (tempo-real).

>> Tipos de acesso ao meio físico

Outra forma de diferenciação entre protocolos de enlace pode ser feita analisando-se a maneira como uma estação identifica o momento adequado para transmitir um quadro. A seguir detalhamos as duas opções para a escolha desse momento: o uso de redes com acesso ao meio ordenado e o uso de redes com acesso ao meio baseado em contenção.

>> Acesso ao meio ordenado

As **redes com acesso ao meio ordenado** se caracterizam pela existência de um controle sobre o momento em que uma determinada estação passa a ter o privilégio de transmissão. Esse momento é individual para cada estação, ou seja, existe uma ordem para o acesso ao meio de transmissão. Cada estação da rede possui um momento específico para transmitir um quadro de enlace. Devido à existência dessa ordem de acesso, as redes não apresentam colisões.

> **>> DICA**
> Lembre-se de que, para ocorrer uma colisão, duas ou mais estações devem transmitir simultaneamente em um meio de transmissão compartilhado, causando interferência mútua nos sinais transmitidos.

Considerando-se que existe um número finito de estações no enlace e que cada estação recebe a oportunidade de transmitir em uma ordem predeterminada, é possível conhecer de antemão qual o tempo máximo que uma determinada estação deve aguardar até que possa transmitir. Esse tempo é denominado **retardo máximo conhecido**. A possibilidade de se obter o retardo máximo para transmissão permite que uma aplicação com restrições temporais – do tipo tempo-real – saiba se conseguirá receber/enviar uma determinada informação no seu limite de tempo.

Além das aplicações de tempo-real, enlaces que possuem um grande número de estações e volume alto de transmissões também se beneficiam desse tipo de acesso. Se não houvesse ordem, as aplicações apresentariam maior probabilidade de colisões.

As redes ordenadas necessitam de um sistema de gerenciamento relativamente complexo, considerando que deverá:

- Criar a ordem de transmissão durante o processo de inicialização da rede.
- Incluir novas estações na fila de transmissão.

- Detectar e excluir da fila de transmissão estações que forem desligadas.
- Identificar problemas de comportamento das estações, como transmissão fora da fatia de tempo.

Redes Token Bus

As redes **Token Bus** são enlaces com acesso ao meio ordenado que utilizam um quadro especial denominado token para estabelecer a ordem de acesso. Essas redes são estruturadas em barra, e na sua inicialização é criada a fila de transmissão. Uma das estações cria o token e o transmite para a próxima estação na fila.

Ao receber o token, a estação tem o direito de transmitir um quadro de dados. Após essa transmissão, a estação repassa o token para a próxima da fila, e assim sucessivamente. As estações que não possuem dados para transmitir simplesmente repassam o token adiante.

Ao chegar ao final da fila, a última estação repassa o token para a primeira da fila. A Figura 1.2 representa uma rede Token Bus.

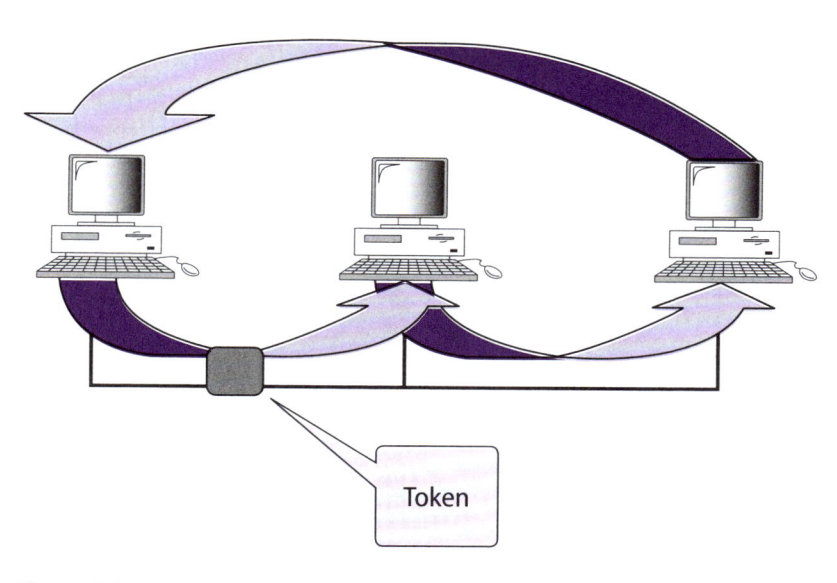

>> **DICA**
As redes Token Bus foram padronizadas pela IEEE no documento IEEE 802.4.

Figura 1.2 Representação de uma rede Token Bus.
Fonte: dos autores.

Redes Token Ring

As redes **Token Ring** são outro exemplo de rede ordenada que utiliza token. É organizada física e logicamente em anel, e as estações são conectadas ponto a ponto.

>> **DICA**
A rede Token Ring foi padronizada pelo protocolo IEEE 802.5.

Ao iniciar a rede, um quadro especial denominado token livre é gerado por uma das estações. Esse token passa a circular no anel percorrendo por todas as estações. O acesso ao meio para a transmissão de dados é feito da seguinte maneira:

- A estação que possui dados para transmitir aguarda pela chegada do token livre.
- Ao recebê-lo, a estação altera o quadro, que agora passa a se chamar token ocupado. O token ocupado indica a existência de um quadro de dados, que é transmitido logo após o token.
- A estação repassa o token ocupado e seu quadro de dados para o anel.
- Logo após o quadro de dados, será inserido no anel um novo token livre. Esse token livre permite que outra estação insira seu quadro de dados no anel.
- Todas as estações recebem o quadro de dados e, conforme o endereço de destino, armazenam uma cópia dele.
- O quadro circula por todo o anel até que a estação que o transmitiu retire o token ocupado e o quadro de dados do anel.

Veja na Figura 1.3 uma representação da transmissão de quadros em uma rede Token Ring.

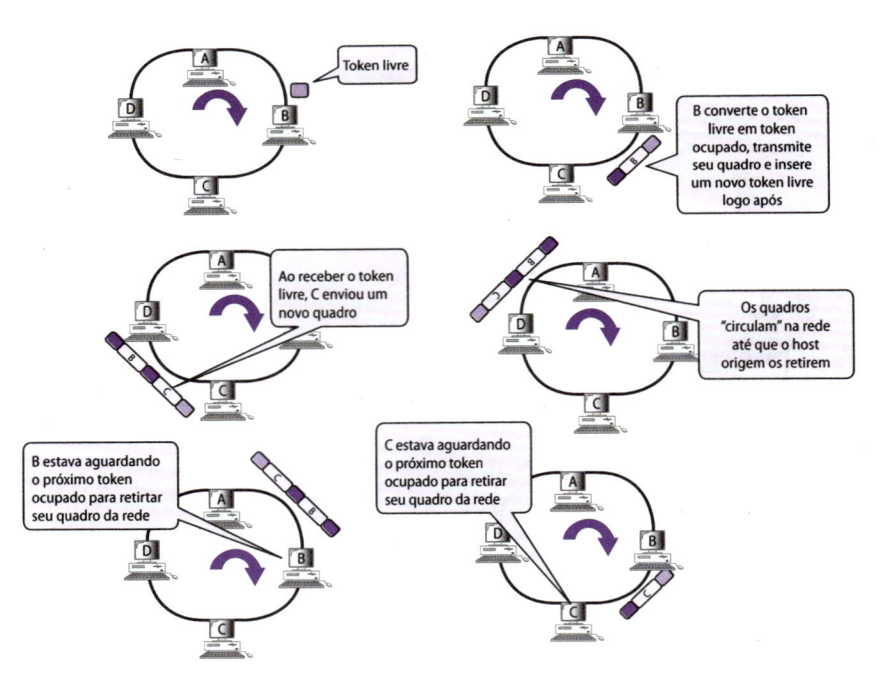

Figura 1.3 Transmissão de um quadro de dados em uma rede Token Ring.
Fonte: dos autores.

As redes Token Ring foram muito utilizadas na década de 1990, como uma alternativa às redes Ethernet. Atualmente, existem poucas redes Token Ring em uso e, na maioria dos casos, sua utilização é justificada pela complexidade e pelos custos de migração para redes Ethernet, ou pela utilização de equipamentos antigos que utilizam apenas essa tecnologia de enlace.

Redes FDDI

As **redes FDDI** (*Fiber Distributed Data Interface*) utilizam características das redes Token Bus e Token Ring para criação de enlaces. O uso principal desse tipo de tecnologia ocorreu na década de 1990, na criação de *backbones* de comunicação, em vez da conexão entre estações. O motivo da não utilização das redes FDDI como enlace de interligação de estações está na necessidade de que todos os nodos permaneçam operacionais durante todo o tempo, para que a rede funcione.

> **» CURIOSIDADE**
>
> As conexões entre os nodos das redes FDDI são de fibra óptica, permitindo um melhor desempenho (até 100Mbps, o que era muito para a década de 1990) e longo alcance (permitem conexões de até 200km de distância).

Fisicamente, as redes FDDI são estruturadas em anel, como as redes Token Ring. A diferença está no fato de as redes FDDI utilizarem anéis duplos, tendo os nodos conectados aos dois anéis. Os anéis duplos são utilizados para contornar situações de falha. Cada um dos anéis possui um sentido de propagação permitindo que, caso exista o rompimento do anel, o quadro seja transmitido no outro anel, no sentido oposto, até chegar ao destino.

A Figura 1.4 apresenta uma representação de uma rede FDDI com uma parte dos dois anéis rompida. Note que, mesmo com o rompimento de ambos, ainda assim é possível realizar a comunicação entre todos os nodos da rede utilizando os dois anéis.

Essa estrutura não permite que seja utilizado o mesmo tipo de acesso lógico das redes Token Ring, pois o quadro de enlace não circula por toda a rede obrigatoriamente. Apesar do anel, as redes FDDI se baseiam no protocolo de acesso ao meio Token Bus – criação de fila e passagem do token entre estações.

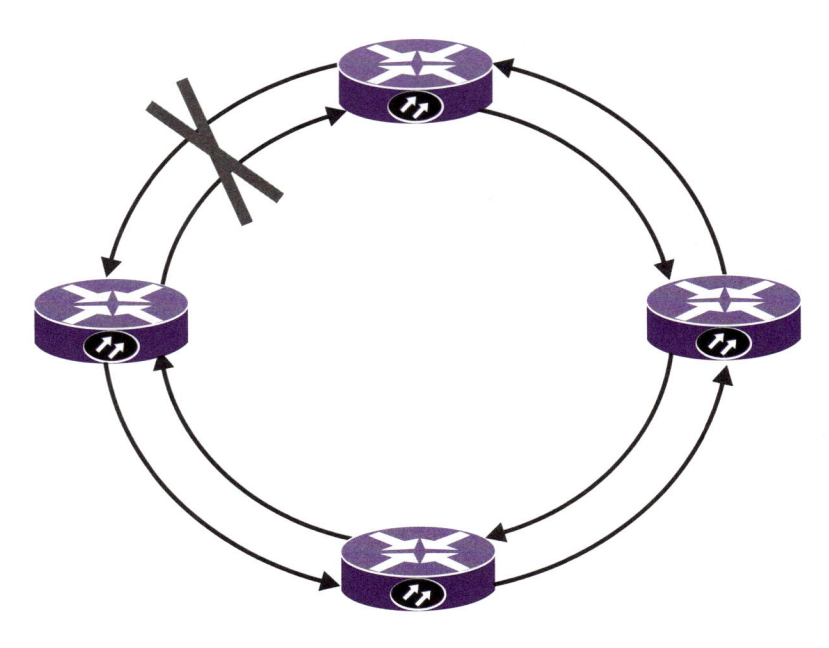

Figura 1.4 Representação de uma rede FDDI.
Fonte: dos autores.

Da mesma forma que os padrões Token Ring e Token Bus, as redes FDDI são pouco utilizadas, sendo substituídas por outras tecnologias de conexões para longas distâncias como Frame Relay, ATM e MPLS, que veremos a seguir.

Redes bluetooth

Os **enlaces bluetooth**, padronizados no documento IEEE 802.15.1, definem uma forma de comunicação de redes pessoais sem fios **WPAN** (*Wireless Personal Area Network*). Seu objetivo é o da interconexão de dispositivos pessoais a uma distância máxima de aproximadamente 10 metros.

A comunicação de nível físico opera na frequência de 2.4GHz – a mesma das redes WiFi – com a utilização da técnica de espalhamento espectral **FHSS** (*Frequency Hopping Spread Spectrum*). O FHSS divide um canal de comunicação em subcanais de frequência, e cada subcanal é dividido em fatias de tempo (slots).

A transmissão é realizada com um subcanal por apenas um slot de tempo. O slot seguinte a ser utilizado deve ser de um subcanal diferente do anterior, ou seja, a transmissão salta entre subcanais de forma pseudoaleatória.

A existência de diferentes sequências de saltos permite que múltiplas redes existam no mesmo ambiente sem que causem interferência mútua. Ao mesmo tempo, os saltos fazem com que interferências em um subcanal de frequência não

> **» DICA**
> A sequência dos subcanais a ser utilizada é predeterminada e conhecida por todos os dispositivos do enlace.

inviabilizem toda a comunicação do enlace. A utilização do FHSS objetiva tornar a comunicação mais robusta a interferências.

A coordenação do enlace para a definição da sequência de saltos e sincronização de relógios para criação dos slots de tempo gera a necessidade de uma **estação master**. Uma rede bluetooth possui no máximo oito dispositivos, sendo um master e até sete slaves. O enlace criado se chama piconet. Em uma piconet, cada slave cria um canal de comunicação com o master, não existindo comunicação direta entre slaves. O canal de comunicação entre slave e master é denominado **conexão física** (*physical link*).

A conexão física entre os dispositivos é utilizada para transportar uma conexão lógica (*logical link*). As conexões lógicas são detalhadas no Quadro 1.2.

Quadro 1.2 » **Tipos e características das conexões lógicas**

Conexão ACL (*Asynchronous Connection-Less*)	O modo assíncrono é utilizado para a transmissão de dados entre dois dispositivos de forma assíncrona, com controle de erros baseado em retransmissão de quadros. Utilizado, por exemplo, para transferência de arquivos entre dois dispositivos.
Conexão SCO (*Synchronouos Connection--Oriented*)	O modo síncrono cria um circuito virtual entre os dispositivos de forma a garantir a periodicidade da transmissão de quadros de enlace em uma taxa definida. Em caso de problemas na transmissão, o quadro com erro é descartado e não será retransmitido para não interferir na taxa de transmissão do canal. Esse tipo de canal é utilizado, por exemplo, para transmissão de voz, áudio e vídeo entre dois dispositivos – aplicações que necessitam da garantia da qualidade de serviço.

Para que seja possível a criação de enlaces com mais de oito dispositivos, é necessária a união entre piconets através de um dispositivo comum entre os enlaces. Essa união denomina-se **scatternet**. A criação de uma scatternet necessita que o dispositivo de borda – pertencente aos dois enlaces – faça a retransmissão dos quadros entre as duas redes. Essa ação não está definida no protocolo original do bluetooth, necessitando da implementação dessa funcionalidade no software do dispositivo. Na prática, poucos dispositivos possuem esse tipo de funcionalidade.

A Figura 1.5 apresenta exemplos de aplicação bluetooth, piconet e scatternet.

Para que seja possível garantir as taxas constantes das conexões SCO, ao mesmo tempo em que se mantêm as conexões ACL de diferentes dispositivos bluetooth, no mesmo meio físico, é necessário controle de acesso ao meio de forma centra-

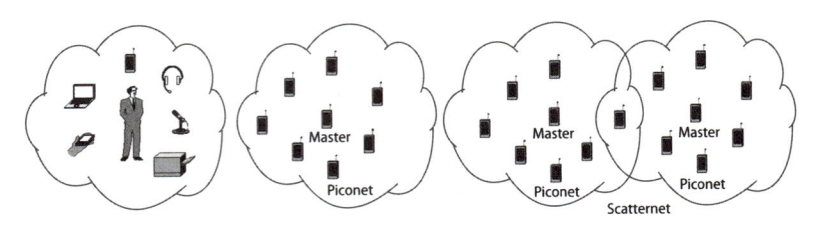

Figura 1.5 Representação de uma rede bluetooth.
Fonte: dos autores.

lizada. O dispositivo master é o responsável pelo gerenciamento do acesso ao meio de forma ordenada.

O nodo master irá gerenciar o acesso ao meio por meio da técnica de **pooling**, ou seja, ele irá questionar cada um dos dispositivos slave enviando um quadro especial, similar ao token. Ao receber esse quadro, o dispositivo cliente poderá transmitir seu quadro de dados – apenas quem receber esse quadro poderá transmitir.

Como a realização do pooling cabe ao nodo master, ele se torna o responsável por manter a qualidade de serviço dos links SCO. O master enviará esse quadro ao dispositivo com conexão SCO sempre que necessário, para manter constante a taxa de transmissão de dados do link.

Acesso ao meio compartilhado

Ao contrário do acesso ao meio ordenado, as **redes com acesso ao meio compartilhado** não possuem uma ordem específica para transmissão. A estação tem o controle do momento da transmissão e, como não existe ordem, duas ou mais estações podem decidir transmitir ao mesmo tempo, o que acarreta uma colisão.

Sempre que ocorrer uma colisão, cabe ao nível de enlace de cada estação envolvida detectar e corrigir essa situação por meio da retransmissão do quadro – o que pode acarretar novas colisões. A vantagem em relação às redes com acesso ordenado está no fato de que a estação não precisa aguardar um token para iniciar uma comunicação. Em redes com poucas transmissões, essa característica amplia o aproveitamento do meio de forma significativa.

Atualmente, são utilizadas as redes locais com transmissões em rajadas. Funciona assim: imagine que você está navegando na Web. Sempre que clica em um link, você envia uma requisição ao servido Web, que retorna a página. Após receber a página, a conexão da rede é encerrada e você provavelmente ficará um tempo lendo o conteúdo recebido. Enquanto você lê, não está utilizando a rede. O mesmo serve para a maioria das aplicações da Internet.

Já durante uma transferência de arquivos ou exibição de um vídeo online, a rede é utilizada o tempo todo. Porém, os usuários de uma rede local não executam essas tarefas continuamente. Isso faz com que redes de acesso compartilhado sejam mais interessantes que as redes ordenadas nos enlaces locais atuais. Se utilizássemos redes com acesso ordenado, ao clicar em um link a estação deveria aguardar o token para poder enviar a requisição ao servidor, mesmo que todas as demais estações estejam sem utilizar a rede.

O problema dos enlaces com acesso compartilhado está na colisão, e a primeira preocupação que as estações precisam ter é a de não transmitir nada que possa atrapalhar uma transmissão já em andamento. A Figura 1.6 mostra uma colisão entre o quadro de uma estação que já estava sendo transmitido com um quadro de outra estação que decidiu transmitir, sem perceber a transmissão em andamento.

Para evitar a situação da Figura 1.6 existe uma técnica: as estações identificam se há alguma transmissão em andamento antes de iniciarem sua própria transmissão. Nessa técnica, denominada **CSMA** (*Carrier Sense Multiple Access*), as estações que possuem acesso compartilhado (*Multiple Access*) têm a capacidade de perceber uma transmissão de outra estação no meio físico (*Carrier Sense*).

Analisando novamente a Figura 1.6, se a estação C utilizasse o CSMA, identificaria a transmissão de A e não transmitiria seu quadro, evitando a colisão. Ao detectar uma transmissão em andamento, a estação deve aguardar até o meio ficar livre para poder iniciar sua própria transmissão.

> **» IMPORTANTE**
> Na Figura 1.6, tanto o quadro da estação A quanto o da estação C foram perdidos. Não há como recuperar os dados transmitidos. Se um único bit de um quadro colidir, todo o quadro será perdido e deverá ser retransmitido.

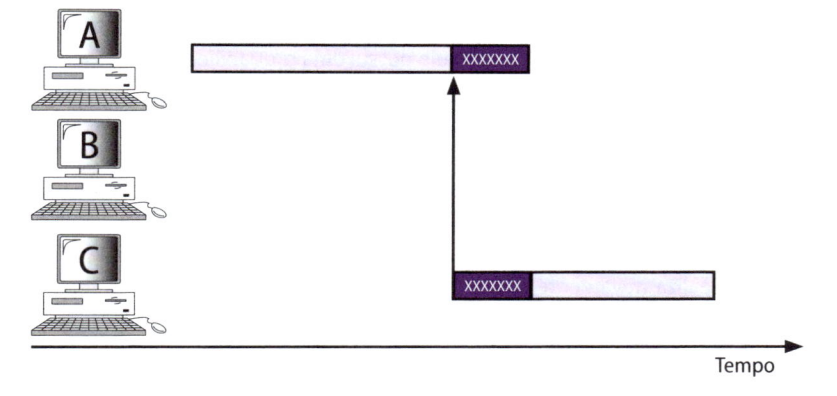

Figura 1.6 Colisão com transmissão em andamento.
Fonte: dos autores.

No algoritmo denominado **CSMA 1-persistent**, a estação que detectou uma transmissão permanece escutando o meio até que fique livre. Ao identificar que o meio está livre, a estação imediatamente iniciará sua transmissão. A Figura 1.7 apresenta um exemplo de CSMA 1-persistent.

> **DICA**
> As redes Ethernet utilizam o protocolo CSMA/CD com 1-persistent.

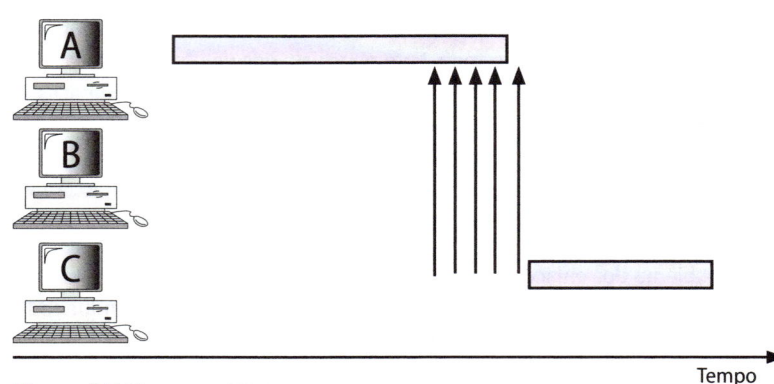

Figura 1.7 Algoritmo CSMA 1-persistent.
Fonte: dos autores.

Analisando a Figura 1.7, percebemos que as colisões em redes que utilizam o CSMA 1-persistent só ocorrem quando duas estações decidem iniciar suas transmissões – praticamente – ao mesmo tempo. Um exemplo seria a estação B também detectar a transmissão de A e aguardar o meio ficar livre para iniciar a sua transmissão, o que acarretaria em colisão com C.

Uma alternativa ao CSMA 1-persistent é o **CSMA p-persistent**, que tem como objetivo diminuir a probabilidade de colisão entre duas estações que aguardam a liberação do meio. O CSMA p-persistent funciona assim:

- Caso a estação detecte uma transmissão em andamento, permanece escutando o meio, da mesma forma que o CSMA 1-persistent.
- Quando o meio fica livre, a estação realiza um cálculo probabilístico para decidir se transmite ou não. Esse cálculo possui uma probabilidade *p* para a realização da transmissão.
- Se o cálculo probabilístico resulta na não transmissão do quadro, a estação aguarda um tempo predefinido para tentar a transmissão novamente.
- Caso outra estação inicie uma transmissão, a estação que decidiu aguardar permanece escutando o meio até que fique livre.
- Ao final do tempo de espera, ou quando o meio ficar livre novamente, a estação realiza novamente o cálculo probabilístico, agora com valor *1-p* para transmissão.
- A estação continua nessa sequência de ações até que consiga realizar a transmissão.

> **DICA**
> As redes sem fios padrão IEEE 802.11 utilizam o protocolo CSMA/CA com p-persistent.

Analisando novamente a Figura 1.7, se as estações utilizassem CSMA p-persistent e tanto a estação B quanto a estação C estivessem aguardando a finalização da transmissão da estação A, as seguintes possibilidades poderiam ocorrer quando o meio ficasse livre (e as estações B e C realizassem o cálculo probabilístico):

- Caso ambas decidissem pela transmissão, ocorreria uma colisão.
- Caso uma das estações decidisse pela transmissão e a outra por aguardar, não haveria colisão.
- Caso nenhuma das estações decidisse pela transmissão, o meio ficaria livre até que uma das duas (ou ambas) decidisse transmitir.

Redes Ethernet

As **redes Ethernet**, padronizadas no documento IEEE 802.3, são as redes locais mais utilizadas atualmente. Têm acesso ao meio compartilhado e estrutura lógica em barra ou estrela e utilizam o protocolo **CSMA/CD** (*Carrier Sense Multiple Access with Colision Detection*) com 1-persistent.

Como vimos anteriormente, a estrutura lógica da rede Ethernet original é barra, porém, ao utilizarmos um elemento central (hub ou switch) temos uma estrutura física em estrela. Também identificamos que sempre que uma estação está conectada a um swtich com comunicação *full-duplex*, o protocolo CSMA/CD é desligado, pois não existe mais a possibilidade de colisões e, nesse caso, a rede lógica e física são em estrela.

O protocolo de detecção e controle de colisão das redes Ethernet, bem como seu funcionamento em detalhes, serão apresentados no próximo capítulo.

> **» IMPORTANTE**
> Na ocorrência de colisões, as estações devem, basicamente: detectar a colisão, tentar minimizar seu impacto (colidir o mínimo de bits possível) e retransmitir o quadro colidido, evitando colisões sucessivas.

Redes WiFi

As **redes WiFi** (ou WLAN – *Wireless Local Area Network*) são redes locais sem fios com padronização por meio do documento IEEE 802.11. Foram definidas com base nas redes Ethernet e utilizam o protocolo de acesso ao meio CSMA – opcionalmente, podem utilizar um mecanismo capaz de evitar colisões denominado *Collision Avoidance* (padrão CSMA/CA com p-persistent).

As redes sem fios normalmente possuem um concentrador da comunicação denominado **ponto de acesso** (*access point*), que funciona como um hub para as estações sem fios. Esse ponto de acesso possui também uma interface Ethernet para conexão da rede sem fios com a rede cabeada. Entre as duas redes, o ponto de acesso opera como ponte – imagine um switch com duas portas: uma porta WiFi e outra Ethernet.

Você verá o funcionamento do protocolo CSMA/CA e os detalhes de funcionamento das redes IEEE 802.11 no próximo capítulo.

Redes Zigbee

As **redes Zigbee** são baseadas no padrão bluetooth (IEEE 802.15.1), tendo os níveis físico e de enlace definidos no documento IEEE 802.15.4. Sobre o padrão 802.15.4, o padrão Zigbee define um nível de rede, um nível intermediário, que fornece serviços para as aplicações (*Application Framework*), e

> **IMPORTANTE**
> As aplicações-alvo da tecnologia são dispositivos sensores e atuadores para criação de redes de sensores sem fios, automação residencial e industrial.

> **DICA**
> Para controle de acesso ao meio, as redes Zigbee, da mesma forma que as redes WiFi, utilizam o protocolo CSMA/CA.

um nível de aplicação. Essas redes se caracterizam pela criação de uma malha de comunicação sem fios na qual nodos intermediários podem servir como roteadores de uma comunicação entre nodos distantes.

O padrão Zigbee foi criado com o objetivo de estabelecer um enlace de dados em dispositivos de baixo custo, baixo alcance, baixo consumo de energia (alimentados por bateria) e com baixa taxa de transmissão. Além disso, a rede deve ser de fácil configuração e manutenção.

Nas redes Zigbee, um nodo pode ser configurado para operar de acordo com o Quadro 1.3.

Os possíveis arranjos de redes Zigbee são em estrela, árvore ou mesh, conforme ilustrado na Figura 1.8.

Para implementação do roteamento entre nodos, as redes Zigbee utilizam o protocolo **AODV** (*Ad Hoc On-Demand Distance Vector Routing*). Nesse protocolo, sempre que um nodo deseja chegar em um destino, envia uma mensagem de difusão (*broadcast*) para todos os nodos vizinhos. Cada nodo vizinho, por sua vez, propaga a mensagem para seus vizinhos, e assim sucessivamente até que a mensagem chegue ao nodo destino. O nodo destino envia uma resposta direcionada para o caminho de menor custo, definindo a rota.

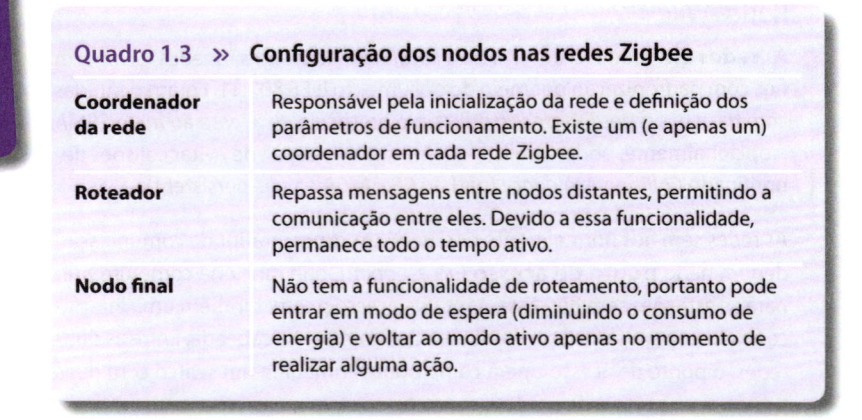

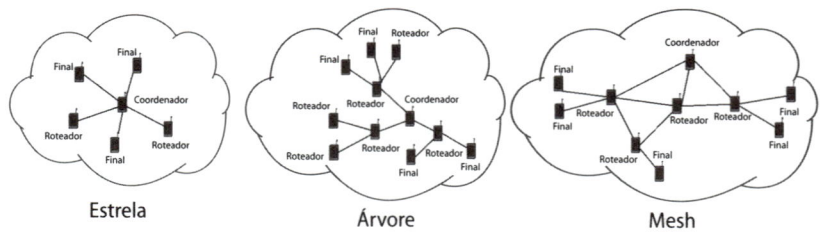

Quadro 1.3 »	Configuração dos nodos nas redes Zigbee
Coordenador da rede	Responsável pela inicialização da rede e definição dos parâmetros de funcionamento. Existe um (e apenas um) coordenador em cada rede Zigbee.
Roteador	Repassa mensagens entre nodos distantes, permitindo a comunicação entre eles. Devido a essa funcionalidade, permanece todo o tempo ativo.
Nodo final	Não tem a funcionalidade de roteamento, portanto pode entrar em modo de espera (diminuindo o consumo de energia) e voltar ao modo ativo apenas no momento de realizar alguma ação.

Figura 1.8 Tipos de estruturas de enlace Zigbee.
Fonte: dos autores.

» Enlaces WAN

Diferentemente dos enlaces locais, os **enlaces WAN** (*Wide Area Network*) se caracterizam pela transmissão de dados entre dois nodos por meio do estabelecimento de um circuito dedicado entre eles. O objetivo prático principal dos enlaces WAN é conectar duas ou mais redes locais (LANs) por meio de um conjunto de switches interconectados fisicamente.

Os enlaces WAN que veremos neste livro (Capítulo 5) são Frame Relay, ATM e MPLS. Esses enlaces se caracterizam pela comunicação orientada à conexão, o que significa que cada comunicação entre dois dispositivos possui um circuito único e identificado.

A Figura 1.9 apresenta uma conexão entre duas redes locais geograficamente distantes através de um circuito lógico criado nos switches intermediários.

A existência de um circuito dedicado permite que parâmetros de qualidade de serviço sejam agregados a cada circuito. A utilização de links dedicados WAN se justifica, principalmente, pela necessidade de conexão entre redes locais remotas para uso por aplicações com restrições de qualidade de serviço. Podemos citar, como um exemplo bastante usual, a conexão de uma matriz com suas filiais para utilização de aplicações VoIP e/ou de videoconferência.

O estabelecimento dos circuitos pode ser feito de maneira dinâmica ou permanente. Nos **circuitos dinâmicos SVC** (*Switched Virtual Circuit*), um pacote especial é enviado pelo remetente com o endereço do destinatário. Esse pacote deverá ser roteado (layer 3) até que chegue ao destino. Ao passar por um switch, um pacote de estabelecimento de circuito reserva os recursos necessários para a criação do circuito. Quando o pacote finalmente chega ao destino, todos os switches intermediários já possuem os dados de identificação do circuito, que fica estabelecido e pronto para a troca de quadros de enlace.

Não existem pacotes especiais para a criação de **circuitos permanentes PVC** (*Permanent Virtual Circuit*). A configuração dos switches para a criação

> **» DICA**
> Após a troca de dados, o circuito pode ser desfeito por meio do envio de outro pacote especial de liberação de recursos.

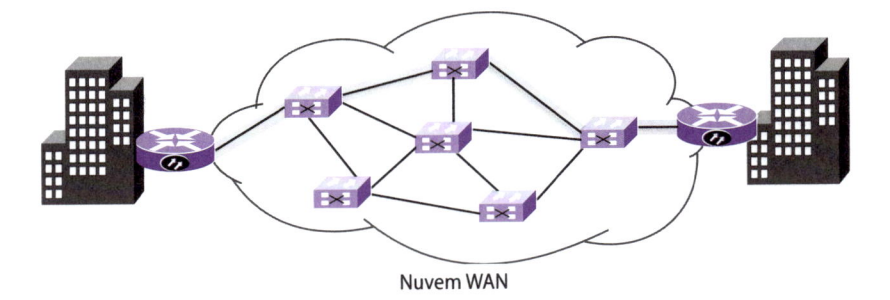

Figura 1.9 Representação de uma conexão WAN.
Fonte: dos autores.

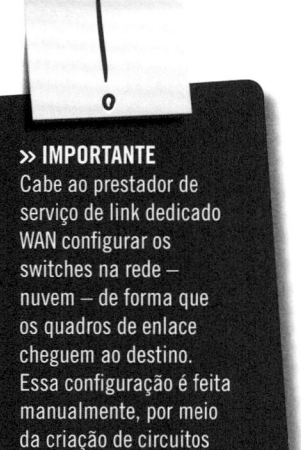

do circuito e de seus dados de identificação deve ser realizada de forma manual pelo administrador da WAN. Após a configuração dos switches, o circuito fica estabelecido até que seja desfeito também de forma manual.

Quando desejamos interconectar duas redes locais com garantias de qualidade de serviço, sem a utilização da Internet ou de redes virtuais privadas, devemos contratar um **serviço de link dedicado WAN**. Ao contratarmos esse tipo de serviço – fornecido por empresas de telecom – recebemos do prestador de serviço o meio físico e o roteador WAN em nossa rede, da mesma forma que ocorre quando contratamos um link de Internet. O mesmo ocorre na localidade remota.

O fato de termos ligações ponto a ponto entre os switches, configurados de forma a receber os quadros de enlace através de circuitos virtuais, acarreta a inexistência da necessidade de controlarmos colisões (que não ocorrem) ou da criação de uma ordem de transmissão.

>> **IMPORTANTE**
Cabe ao prestador de serviço de link dedicado WAN configurar os switches na rede – nuvem – de forma que os quadros de enlace cheguem ao destino. Essa configuração é feita manualmente, por meio da criação de circuitos permanentes.

>> Agora é a sua vez!

1. O nível de enlace se encontra entre que outros níveis da arquitetura TCP/IP?
2. Como é chamada a sobreposição de duas ou mais estações que transmitem simultaneamente?
3. Diferencie comunicação *half-duplex* de *full-duplex*.
4. Explique de que formas uma colisão pode ocorrer.
5. Defina as redes Token Bus e Token Ring.
6. Discuta com seu colega se as seguintes afirmações são verdadeiras ou falsas e por quê.
    a. *Enlace local também pode ser denominado rede local.*
    b. *O enlace pode ser organizado de duas formas: em barra e em anel.*
    c. *Concentrador é o contrário de hub.*
    d. *Os switches operam no nível de enlace.*
    e. *O anel possui mais de um sentido de propagação dos sinais.*
    f. *As redes FDDI são estruturadas em anel, assim como as redes Token Ring.*
    g. *Uma rede bluetooth possui no máximo oito dispositivos.*
    h. *O CSMA p-persistent objetiva diminuir a probabilidade de colisão entre duas estações que aguardam a liberação do meio.*
    i. *Sempre que uma estação está conectada a um switch com comunicação full-duplex, o protocolo CSMA/CD é desligado.*
    j. *As redes Zigbee são baseadas no padrão WiFi.*
    k. *Nos enlaces WAN, cada comunicação entre dois dispositivos possui um circuito único e identificado.*
    l. *O estabelecimento de circuitos pode ser feito apenas de maneira dinâmica.*

REFERÊNCIAS

SCHMITT, M. A. R.; PERES, A.; LOUREIRO, C. A. H. *Redes de computadores*: nível de aplicação e instalação de serviços. Porto Alegre: Bookman, 2013.

capítulo 2

Enlaces locais

As redes locais estão presentes nos mais diversos ambientes, desde residências até as maiores empresas. Essas redes são utilizadas toda a vez que a Internet é acessada a partir de casa, do hotel, da faculdade ou do trabalho. Neste capítulo, compreenderemos como funciona o nível de enlace das redes locais e conheceremos seus padrões.

Objetivos de aprendizagem

- Compreender o protocolo de enlace utilizado na rede Ethernet e nas redes locais sem fio.
- Distinguir os modos de operação da rede Ethernet bem como os dispositivos utilizados.
- Identificar alguns padrões utilizados em redes Ethernet.
- Reconhecer e distinguir os padrões de rede sem fio existentes.

❯❯ Introdução

Uma **rede local** (LAN – *Local Area Network*) é uma rede limitada ao mesmo espaço físico contínuo, como uma sala, um prédio, uma empresa, um condomínio, ou até mesmo um complexo industrial. Atualmente, as redes locais estão em todos os lugares – de empresas de grande porte, instituições governamentais, aeroportos a casas.

Duas tecnologias se destacaram ao longo do tempo e acabaram por dominar o mercado de redes locais. A primeira, mais antiga, é chamada de Ethernet e utiliza cabeamento. Essa rede também é conhecida pelo padrão que a define: IEEE 802.3. O **IEEE** (*Institute of Electrical and Electronics Engineers*) é uma entidade responsável por realizar esse tipo de padronização. A segunda, mais recente, é comumente denominada WiFi ou WLAN (*Wireless LAN*) e utiliza tecnologia sem fio. Sua padronização é feita sob o número 802.11.

❯❯ PARA SABER MAIS

Criado em 1884, nos Estados Unidos, o IEEE é uma sociedade técnico-profissional internacional dedicada ao avanço da teoria e prática da engenharia nos campos da eletricidade, eletrônica e computação. Hoje, congrega mais de 400.000 associados, entre engenheiros, cientistas, pesquisadores e outros profissionais, em cerca de 150 países. Para ter acesso ao site oficial da entidade e conhecer mais sobre sua história e seu funcionamento, visite o ambiente virtual de aprendizagem Tekne: **www.bookman.com.br/tekne**.

❯❯ Rede Ethernet

Ethernet é uma arquitetura de rede local que utiliza cabos. Originalmente, o meio físico utilizado foi o cabo coaxial. Esse cabo interconectava todas as estações à rede em uma topologia do tipo barramento. Em 1990, surgiram as redes Ethernet com concentradores (hubs). A topologia em estrela permitiu melhor gerência de falhas e facilitou o planejamento da estrutura física da rede.

Entretanto, internamente, os hubs continuaram a trabalhar do ponto de vista lógico como um barramento, mantendo como característica a disputa pelo meio. Mais adiante, foram introduzidos os switches, que tornaram possível a comunicação simultânea de vários dispositivos, tornando as redes Ethernet muito mais eficientes.

Da mesma forma como houve uma evolução do cabo coaxial, para hubs e, finalmente, para switches, também ocorreram modificações significativas na velocidade: do primeiro padrão de 10Mbps, passou-se para 100Mbps, depois 1Gbps e, atualmente, é possível trafegar dados a velocidades de 10Gbps.

> **» CURIOSIDADE**
>
> A Ethernet foi criada durante os anos 1970 por Robert Metcalfe e David Boggs. Dentre outras tecnologias, acabou prevalecendo e, até hoje, é utilizada para redes locais cabeadas.

Configurações típicas atuais apresentam redes cuja infraestrutura é composta apenas por switches, com computadores conectados a 100Mbps ou 1Gbps por cabos UTP (*Unshielded Twisted Pair* – Par Trançado não Blindado), servidores conectados a 1Gbps ou 10Gbps por cabos UTP ou fibra óptica, e switches interconectados a 10Gbps por cabos UTP ou fibras ópticas. A tendência é que as configurações mais simples, que utilizam, inclusive, hubs, desapareçam.

» Formato do quadro Ethernet

Uma rede Ethernet não apresenta mecanismos complexos de controle de erro, oferecendo um serviço não orientado à conexão, sem mensagens de erro. Um quadro no qual seja detectado algum problema é simplesmente descartado pela estação destino.

O quadro Ethernet permite a transmissão de no máximo 1.500 e no mínimo 46 bytes advindos do nível de rede. No total, um quadro Ethernet tem o tamanho máximo de 1.518 bytes sem o preâmbulo que, por sua vez, tem o tamanho de 8 bytes. Já o tamanho mínimo do quadro é de 64 bytes (512 bits). A necessidade de um tamanho mínimo é explicada na seção "Ethernet *half-duplex*". A Figura 2.1 apresenta o formato do quadro.

> **» ATENÇÃO**
> Para compreender o funcionamento da rede Ethernet, você deve distinguir bem a diferença entre hubs e switches que operam, respectivamente, nos modos *half-duplex* e *full-duplex*. Embora a segunda opção seja mais utilizada, ainda há equipamentos que operam no modo *half-duplex*.

Preâmbulo: 56 bits de 1s e 0s alternados
SFD: Stat frame delimiter, flag (10101011)

Preâmbulo	SFD	Endereço de destino	Endereço de origem	Comprimento ou tipo	Dados e preenchimento	CRC
7 bytes	1 byte	6 bytes	6 bytes	2 bytes		4 bytes

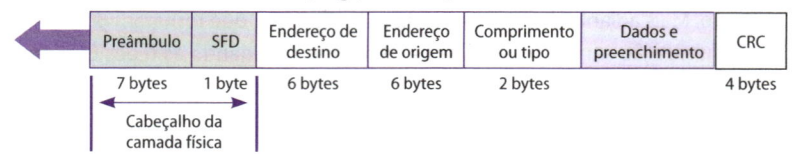

Cabeçalho da camada física

Figura 2.1 Formato do quadro Ethernet.
Fonte: Forouzan (2008).

Você não deve se preocupar em memorizar os campos existentes, a ordem em que aparecem ou o tamanho de cada um. Porém, o estudo do quadro lhe ajudará a entender melhor como funciona uma rede Ethernet. As funções dos campos que compõem o quadro são as seguintes:

1. Preâmbulo (64 bits): Este campo é dividido em duas partes, como pode ser visto na Figura 2.1. Os primeiro 7 bytes são compostos de bits 0 e 1 alternados com o objetivo de permitir a sincronização entre emissor e receptor. O último byte é denominado SFD (*Start Frame Delimiter*) e delimita o início do quadro propriamente dito.
2. Endereço destino (48 bits): O segundo campo corresponde ao endereço de destino do quadro. Este é o endereço de nível de enlace e ocupa 6 bytes. Veja mais detalhes na seção a seguir.
3. Endereço origem (48 bits): O terceiro campo corresponde ao endereço de origem do quadro que também ocupa 6 bytes.
4. Tipo (16 bits): Este campo define o protocolo de nível de rede que está sendo transportado pelo quadro. Embora se possa imaginar que o único protocolo utilizado seja o IP, na verdade existem outros protocolos diretamente transportados pela camada de enlace. Dentre eles, há o protocolo ARP, analisado no Capítulo 3 deste livro. O padrão IEEE 802.3 permite que este campo contenha o tamanho dos dados transportados em vez do tipo. Para diferenciar uma situação da outra, valores menores ou iguais a 1.500 indicam tamanho, valores maiores ou iguais a 1.536 indicam tipo (0x0800 – IPv4, 0x0805 – ARP, 0x809B – AppleTalk).
5. Dados (46 – 1.500 bytes): A maior área é, obviamente, reservada para o transporte dos dados, isto é, aquilo que foi entregue pelo nível que está acima do enlace. Se o nível de rede quiser enviar mais do que 1.500 bytes, deverá fragmentar o datagrama antes de entregar para a camada de enlace. Se a mensagem for menor do que 46 bytes, o próprio nível de enlace se encarregará de complementar o que está sendo enviado com uma sequência de zeros. Esse último processo é chamado de *padding*.
6. CRC (controle de erros – 32 bits): O último campo, com seus 4 bytes, é utilizado para detecção de erros.

» Endereçamento da rede Ethernet

Os endereços da rede Ethernet são muitas vezes chamados de endereços **MAC** (*Media Access Control Address*) ou de **endereços físicos**. Essa última denominação pode parecer incomum, já que os endereços são pertencentes à camada de enlace. No entanto, ela é bastante utilizada. Cada adaptador de rede Ethernet (NIC – *Network Interface Card*) de cada dispositivo apresenta um endereço MAC diferente.

A primeira linha de resposta ao comando da Figura 2.2 apresenta o endereço 08:00:27:7D:A1:85.

> » **DICA**
> O endereço MAC no sistema operacional Windows é acessado a partir das janelas de configuração de rede ou pelo comando ipconfig/all. Já no Linux, o comando usado é ifconfig.

```
aluno@ubuntu:~$ ifconfig
eth0      Link encap:Ethernet  Endereço de HW 08:00:27:7d:a1:85
          inet end.: 192.168.1.111  Bcast:192.168.1.255  Masc:255.255.255.0
          endereço inet6: fe80::a00:27ff:fe7d:a185/64 Escopo:Link
          UP BROADCAST RUNNING MULTICAST  MTU:1500  Métrica:1
          pacotes RX:221 erros:0 descartados:0 excesso:0 quadro:0
          Pacotes TX:154 erros:0 descartados:0 excesso:0 portadora:0
          colisões:0 txqueuelen:1000
          RX bytes:41229 (41.2 KB) TX bytes:19464 (19.4 KB)

lo        Link encap:Loopback Local
          inet end.: 127.0.0.1  Masc:255.0.0.0
          endereço inet6: ::1/128 Escopo:Máquina
          UP LOOPBACK RUNNING  MTU:16436  Métrica:1
          pacotes RX:60 erros:0 descartados:0 excesso:0 quadro:0
          Pacotes TX:60 erros:0 descartados:0 excesso:0 portadora:0
          colisões:0 txqueuelen:0
          RX bytes:4630 (4.6 KB) TX bytes:4630 (4.6 KB)

aluno@ubuntu:~$
```

Figura 2.2 Resultado do comando ifconfig em um sistema operacional Linux.
Fonte: dos autores.

Note, na Figura 2.2, que o endereço é apresentado como seis números hexadecimais separados pelo sinal gráfico de dois pontos. Cada número apresenta dois dígitos, totalizando 6 bytes ou 48 bits.

Existem três tipos de endereços de rede Ethernet:

Unicast: identifica uma interface de rede. Nesse caso, o oitavo bit é sempre igual a 0 (primeiro número hexadecimal é par).

Multicast: identifica várias interfaces de rede. Nesse caso, o oitavo é sempre bit igual a 1 (primeiro número hexadecimal é impar).

Broadcast: identifica todas as interfaces de rede. Nesse caso, o endereço é igual a FF:FF:FF:FF:FF:FF (todos os bits com valor 1).

> » **IMPORTANTE**
> A primeira parte dos endereços MAC (3 bytes) identifica o fabricante do hardware. Já a segunda identifica a interface propriamente dita. Dessa forma, ferramentas de gerência de rede podem identificar e apresentar em seus relatórios informações sobre placas de rede.

» Ethernet *half-duplex*

Em sua definição original, as redes Ethernet utilizam o **protocolo CSMA/CD** (*Carrier Sense Multiple Access with Collision Detection*) para realizar o controle de acesso ao meio. Tal protocolo tem por função disciplinar o uso de um meio de transmissão multiponto.

Ao ser criada, a rede Ethernet tinha por base um cabo coaxial. Apenas um computador podia utilizar esse meio físico de cada vez. A transmissão simultânea realizada por mais de um dispositivo acarretaria uma colisão e a consequente perda da informação. Por isso, durante algum tempo, a rede Ethernet operou apenas no modo *half-duplex*, não sendo possível o envio e o recebimento simultâneo de mensagens.

A introdução de hubs não modificou esse contexto. Um hub é um repetidor. Toda mensagem recebida em uma porta é retransmitida para todas as outras. Assim, pode-se imaginar esse dispositivo como um barramento interno. Ao utilizar hubs, as estações da rede continuam compartilhando um mesmo barramento e, portanto, continuam funcionando no modo *half-duplex*.

O protocolo de acesso ao meio definido para a rede Ethernet denomina-se CSMA/CD. O nome carrega consigo os seguintes conceitos:

CS (*Carrier Sense*): capacidade de detectar se está ocorrendo uma transmissão.

MA (*Multiple Access*): capacidade de vários dispositivos acessarem o mesmo meio de transmissão.

CD (*Collision Detection*): capacidade de detectar uma colisão, isto é, a transmissão por mais de um dispositivo ao mesmo tempo.

O funcionamento do protocolo não é complexo. Antes de uma estação enviar uma mensagem, ela escuta a rede para verificar se outro dispositivo não está transmitindo. Se o canal estiver livre, a estação transmite; senão, aguarda. Eventualmente, devido à distância entre os equipamentos, pode ocorrer a transmissão simultânea por duas ou mais estações. A isso, dá-se o nome de **colisão**, que é sempre detectada pelas partes.

Quando ocorre uma colisão, os equipamentos envolvidos escolhem um tempo aleatório para tentarem enviar novamente suas mensagens. O algoritmo que controla a nova tentativa de transmissão chama-se **algoritmo de backoff**, que funciona da seguinte maneira:

- Cada estação escolhe um tempo, que corresponde à multiplicação de um valor aleatório por uma fatia de tempo específica (*time slot*).
- Na primeira colisão, o valor aleatório é escolhido dentre dois possíveis (0 ou 1) – tempo de espera = *time slot* × 0 ou *time slot* × 1.
- Na segunda colisão, são gerados 3 valores possíveis (0, 1, 2, 4), e um é escolhido aleatoriamente.

> **» DEFINIÇÃO**
> Algoritmo de backoff é o procedimento que coordena as estações quando há colisão. Sempre que uma estação detecta uma colisão, ela utiliza o algoritmo de backoff para determinar o momento em que poderá tentar enviar suas mensagens novamente.

- O procedimento continua enquanto houver colisões, criando possibilidades cada vez maiores de tempos de espera, sendo o número de multiplicadores igual a 2^c (c corresponde ao número de colisões ocorridas nessa tentativa de transmissão).
- O número máximo de tentativas de retransmissão no padrão IEEE 802.3 é 10, o que possibilita 1.024 valores aleatórios (0 – 1023).
- Após a última tentativa, se não houver sucesso, o quadro é descartado.

Uma colisão deve ser detectada antes de a estação transmissora terminar o envio do quadro. Embora não percebamos, por se tratarem de frações de segundos, quanto mais distante estiverem dois equipamentos, mais tempo é necessário para que a mensagem chegue ao destino.

Os bits enviados por um dispositivo não chegam ao outro instantaneamente. Por isso, as colisões não ocorrem somente quando duas estações tentam transmitir exatamente no mesmo tempo. No caso de estações muito distantes, é possível que a colisão ocorra após a transmissão de vários bits. Duas questões importantes decorrem do comportamento mencionado:

- É preciso detectar colisões enquanto os dados são transmitidos.
- A combinação do tamanho mínimo do quadro com o tamanho máximo da rede deve viabilizar a detecção de colisão ainda durante a transmissão.

Assim, um bit tem de percorrer toda a rede e retornar à origem em menos tempo do que leva para uma estação enviar um quadro inteiro. Esse tempo é conhecido como **slot time** e corresponde ao tempo de 512 bits (64 bytes). Essa é a razão para que o menor pacote seja de 64 bytes. Na verdade, o tempo de 512 bits é um pouco maior do que o tempo necessário para o sinal percorrer a rede.

Quanto mais rápida for a rede, menor será o tempo de transmissão correspondente a 512 bits, e, portanto, menor deverá ser a distância entre dois equipamentos de um mesmo domínio de colisão. Por exemplo, em uma rede 1Gbps (raramente operada no modo *half-duplex*), o tempo baixa para 0,512μs, e a distância, por sua vez, para 25 metros. O limite de 25 metros pode ser superado por meio do acréscimo de uma extensão (*carrier exten-*

>> **IMPORTANTE**
A característica principal dos hubs é que eles trabalham no modo *half-duplex* e utilizam o protocolo CSMA/CD. O sinal que chega em uma determinada porta é retransmitido para todas as outras e os diversos dispositivos ligados ao hub não podem realizar transmissões simultâneas. Por isso, dizemos que equipamentos ligados a um hub ou a hubs interconectados pertencem a um mesmo domínio de colisão.

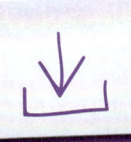

>> **DEFINIÇÃO**
O tempo que o bit leva para retornar à sua origem é conhecido como slot time e corresponde ao tempo de 512 bits (64 bytes).

>> **EXEMPLO**

Em uma rede com velocidade de 10Mbps, o *slot time* é de 512/10.000.000 segundos, o que corresponde a 51,2 microssegundos (μs). Considerando-se que a velocidade de propagação de um cabo é de 2×10^8 m/s, o bit percorreria 10.240 metros no intervalo de tempo de 51,2μs. Dessa forma, a maior distância entre dois dispositivos poderia ser de 5.120 metros. Devido aos retardos, o comprimento máximo definido no padrão é de 2.500 metros.

sion) de 448 bytes ao final do pacote. Nesse caso, o tamanho mínimo do frame é de 4.096 bits. Tal configuração provocará um *slot time* igual a 4,096μs. A despeito do padrão prever tal esquema, a implementação de redes 1Gbps é sempre realizada no modo *full-duplex*, que dispensa a detecção de colisão.

> **» IMPORTANTE**
> Note que todas as colisões têm de acontecer dentro do *slot time*. Após, diz-se que uma estação "adquiriu o canal". Colisões fora dessa fração de tempo são chamadas de colisões tardias, e são um erro causado geralmente por estações conectadas que operam em modos diferentes (*half* e *full-duplex*) ou interferência (*crosstalk*).

» Ethernet *full-duplex*

O modo *full-duplex* permite a comunicação simultânea entre duas estações. Trata-se de uma grande evolução do padrão. Evidentemente, o enlace deve ser ponto a ponto, utilizando meios como o par trançado ou a fibra óptica. Esse modo de funcionamento está especificado no suplemento IEEE 802.3x do padrão, e foi aprovado em 1997.

Além da vantagem em relação à velocidade, o modo *full-duplex* elimina a ocorrência de colisões, fazendo com que o tamanho do segmento seja limitado apenas pelas características do meio.

Uma rede Ethernet *full-duplex* não utiliza o protocolo CSMA/CD. Os switches devem apresentar memória para armazenar os dados que não podem ser imediatamente retransmitidos. No entanto, devido a recursos limitados de memória e banda interna, é necessário algum mecanismo de controle de fluxo. Mensagens de controle de fluxo são definidas na especificação do protocolo de controle MAC e da operação PAUSE constantes no suplemento 802.3x *full-duplex*. A especificação do protocolo de controle MAC cria quadros de controle que podem ser trocados entre os equipamentos. A operação PAUSE utiliza o protocolo de controle MAC e corresponde a uma solicitação de pausa por um determinado tempo.

> **» ATENÇÃO**
> Somente switches operam no modo *full-duplex*. Além de trabalharem no modo *full-duplex*, os switches não replicam os quadros recebidos para todas as portas — encaminham-nos apenas para aquela que apresenta o endereço MAC destino.

Uma rede local Ethernet pode contar com uma mistura de hubs e switches. Switches vão isolar domínios de colisão, diminuindo o número de colisões na rede como um todo. Nesse caso, deve-se utilizar os switches para ligar os diversos hubs e os servidores da rede.

» Nomenclatura de nível físico

A rede Ethernet pode ser implementada com diferentes tipos de cabo. Você viu no início deste capítulo como tudo começou com cabos coaxiais. Hoje, utilizam-se muito os cabos UTP (pares trançados não blindados). Existem códigos que identificam padrões de nível físico para redes Ethernet. O Quadro 2.1 apresenta esses códigos ao longo do tempo.

Quando foi criado o padrão Fast Ethernet (100Mbps), definiu-se um mecanismo para que dispositivos com características diferentes pudessem se comunicar. Assim, um aspecto importante para o funcionamento da Ethernet é a possibilidade

Quadro 2.1 » Principais padrões físicos para redes Ethernet

Padrão	Tipo de cabeamento	Velocidade	Alcance do cabo
10Base5	Cabo coaxial grosso	10Mbps	500m
10Base2 (1985)	Cabo coaxial fino	10Mbps	185m
10Base-T (1990)	Cabo UTP Cat. 3	10Mbps	100m
10Base-F (1993)	Fibra óptica	10Mbps	2.000m
100Base-T (1995)	Cabo UTP	100Mbps	100m
100Base-TX	Cabo UTP Cat. 5 ou STP	100Mbps	100m
100Base-FX	Fibra óptica	100Mbps	100m
1000Base-SX	Fibra óptica	1Gbps	550m
1000Base-LX	Fibra óptica monomodo	1Gbps	5.000m
1000Base-CX	Cabo STP	1Gbps	25m
1000Base-T	Cabo UTP Cat. 5	1Gbps	100m
1000Base-TX	Cabo UTP Cat. 6	1Gbps	100m
10GBase-S	Fibra óptica multimodo	10Gbps	300m
10GBase-L	Fibra óptica monomodo	10Gbps	10.000m
10GBase-E	Fibra óptica monomodo	10Gbps	40.000m
10GBase-R	Cabo UTP Cat. 6a ou STP	10Gbps	100m

de **autonegociação**, que se refere à possibilidade de dois dispositivos (hub e computador, por exemplo) determinarem dinamicamente a velocidade e o modo de operação.

» Redes locais sem fio

As **redes locais sem fio** são chamadas, muitas vezes, de **WiFi**, numa tentativa de juntar as palavras *Wireless* e *Fidelity*. Embora utilizemos essa denominação para designar uma rede local sem fio, a WiFi Alliance não é uma entidade de padronização; apenas certifica a interoperabilidade de equipamentos. As redes locais sem fio têm sua padronização realizada pela IEEE, sob o código 802.11. Outra nomenclatura muito empregada para redes locais sem fio é WLAN (*Wireless Local Area Network*).

> **» NO SITE**
> Visite o ambiente virtual de aprendizagem Tekne para ter acesso ao site oficial da WiFi Alliance e saber mais sobre como novos padrões de tecnologia sem fio podem mudar a forma como os aparelhos interagem.

As redes locais sem fio realizam suas transmissões em uma **banda ISM** (industrial, científica e médica). Essa banda inclui as faixas que vão de 902 a 928MHz; 2,400 a 2,500GHz e 5,725 a 5,850GHz. Tais faixas não são licenciadas, podendo ser utilizadas por qualquer um sem necessidade de autorização do órgão regulador. Provavelmente, a WLAN que você tem em casa ou no trabalho utiliza 2,4GHz.

» Serviços de redes locais sem fio

O padrão 802.11 define dois tipos de serviços de WLANs: BSS (*Basic Service Set*) e ESS (*Extended Service Set*).

O **BSS** é formado por estações sem fio e por, no máximo, um *access point* (AP). A Figura 2.3 apresenta os dois tipos de BSS existentes. Um BSS sem AP é chamado de **rede ad-hoc**. Você pode colocar no ar esse tipo de serviço, contanto que tenha computadores com suporte à WLAN. Um BSS com AP é denominado **rede de infraestrutura**. Você utilizará um BSS com AP sempre que necessitar aumentar o raio de alcance da rede ou desejar conectar o BSS em outro BSS ou em outro tipo de rede.

> **» ATENÇÃO**
> Não confunda 3G/4G com WLAN. São tecnologias diferentes. A primeira oferece uma forma de acessar a Internet através da rede da companhia telefônica. A segunda utiliza dispositivos chamados APs (*access point*) e não tem relação alguma com a rede da companhia telefônica, mesmo quando você usa seu telefone celular.

BSS: Basic service set
AP: Access poit

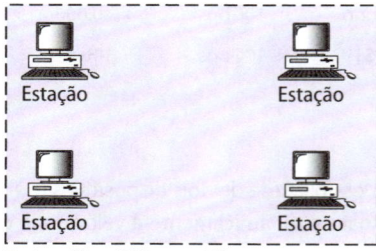

Rede *ad hoc* (BSS sem AP)   Rede de infraestrutura (BSS com AP)

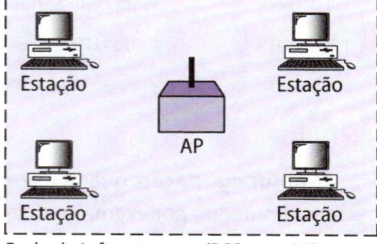

Figura 2.3 Exemplos de BSS.
Fonte: Forouzan (2008).

» PARA REFLETIR

O uso da tecnologia sem fio tem adquirido cada vez maior importância, já que ela traz mobilidade para os dispositivos – característica fundamental em um mundo com cada vez mais equipamentos computacionais pequenos e leves, como *smartphones*, *tablets* e *laptops*. A sociedade da informação é uma sociedade em rede que tem como característica fundamental a permanente interconexão das pessoas, independentemente de localização física, e uma rede cabeada não fornece essa flexibilidade.

O serviço **ESS** corresponde à união de dois ou mais BSS através dos APs. A rede que realiza essa ligação é comumente chamada de sistema de distribuição, o qual está representado na Figura 2.4.

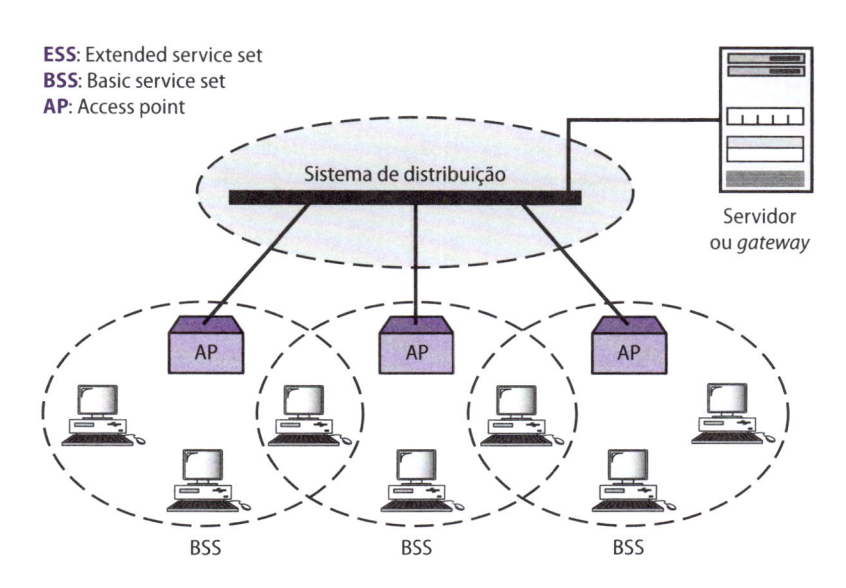

ESS: Extended service set
BSS: Basic service set
AP: Access point

> **» IMPORTANTE**
> O *access point* também é chamado de *estação base* e, quando está presente, é responsável por encaminhar todas as comunicações entre os dispositivos que formam o BSS ao qual pertence.

Figura 2.4 Exemplo de ESS.
Fonte: Forouzan (2008).

» Controle de acesso ao meio

As redes locais sem fios apresentam uma semelhança com as redes Ethernet originais. Trata-se da necessidade de controlar o acesso ao meio – apenas uma estação pode transmitir de cada vez. No entanto, existem particularidades da transmissão sem fio que tornam o protocolo CSMA/CD inadequado para o contexto. Esse protocolo exige que o dispositivo seja capaz de transmitir e receber dados ao mesmo tempo para detectar o sinal de colisão, e isso não é possível na transmissão sem fio sem aumento de custo e de largura de banda.

Há também situações em que, no contexto de um BSS, nem todas as estações estão ao alcance uma das outras. É o problema da estação oculta, que impossibilita a detecção de uma colisão. A Figura 2.5 ilustra essa situação.

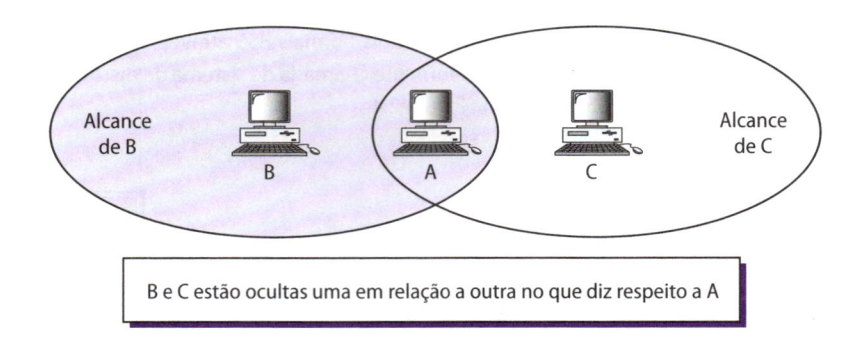

B e C estão ocultas uma em relação a outra no que diz respeito a A

Figura 2.5 Estações fora de alcance: problema da estação oculta.
Fonte: Forouzan (2008).

Pela Figura 2.5, percebemos que se o computador B e o computador C estiverem enviando mensagens para o computador A, nenhum dos transmissores detectará colisão.

Tendo em vista a necessidade de se evitarem colisões em vez de detectá-las, foram padronizados dois métodos de controle de acesso ao meio: **DCF** (*Distributed Coordination Function*) e **PCF** (*Point Coordination Function*). O primeiro método, implementado em todos os equipamentos com utilização predominante, será detalhado a seguir.

DCF

O protocolo utilizado com DCF é chamado de **CSMA/CA** (*Carrier Sense Multiple Access with Collision Avoidance*). Note que a primeira parte do nome do protocolo é igual ao utilizado nas redes Ethernet. Isso ocorre porque, assim como no caso daquelas redes, também nas WLANs o equipamento deve verificar se está ocorrendo transmissão antes de enviar um quadro. Além disso, o meio é compartilhado. A diferença está justamente na sigla "CA": ao enviar um quadro, a estação deve evitar colisões em vez de detectá-las. Isso deve ser feito conforme os passos do quadro a seguir.

Quadro 2.2 » Passos do Protocolo CSMA/CA

Passos	Descrição
1	Após perceber que o canal está livre, a estação não inicia nenhuma transmissão, aguardando um tempo determinado chamado DIFS (*DCF Interframe Space*). Isso acontece porque uma estação distante pode já ter iniciado a transmissão.

Quadro 2.2 » Passos do Protocolo CSMA/CA

Passos	Descrição
2	Se o meio continua livre após DIFS, é escolhida uma janela de contenção baseada em fatias de tempo. Tal escolha é feita de forma semelhante ao algoritmo de backoff das redes Ethernet. A cada intervalo de tempo que constitui essa janela de contenção, o meio é testado. Se estiver ocupado, o temporizador é congelado; senão, é decrementado.
3	Após a expiração do tempo de contenção, a comunicação da mensagem propriamente dita ainda não é feita. A estação envia um pedido de transmissão (RTS – *Request to Send*).
4	Ao receber o RTS, a estação destino aguarda um intervalo de tempo denominado SIFS (*Short Interframe Space*) e envia uma confirmação para a origem (CTS – *Clear to Send*).
5	Após aguardar também o SIFS, a estação origem envia o quadro com os dados ao destino.
6	Por último, após o SIFS, a estação destino envia novamente uma confirmação de recebimento correto dos dados (ACK – *Acknowledgement*).

Você pode compreender melhor a sequência de ações do protocolo CSMA/CA por meio do diagrama da Figura 2.6.

Um aspecto importante do protocolo para evitar colisões é a inclusão do tempo de transmissão no envio do RTS. Dessa forma, todas as estações inicializam um temporizador para voltarem a verificar se o canal está livre apenas após o fim da transmissão. Esse temporizador é chamado de **NAV** (*Network Allocation Vector*).

> » **ATENÇÃO**
> Pode haver colisões também durante a comunicação dos quadros de controle RTS. Nesse caso, ela será percebida pelas estações transmissoras pela ausência de CTS.

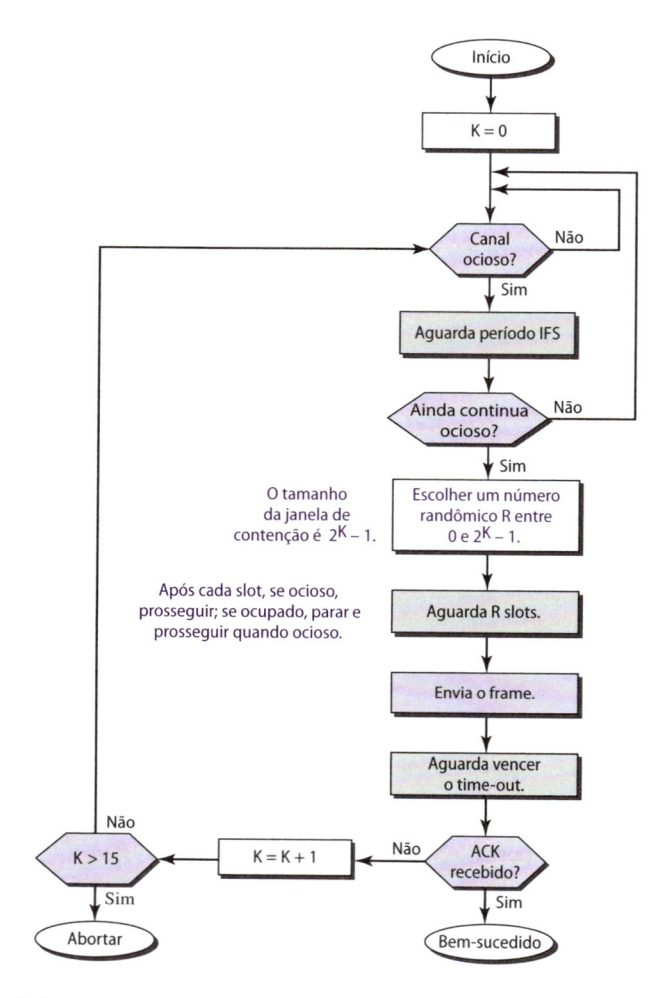

Figura 2.6 Diagrama de fluxo do CSMA/CA.
Fonte: Forouzan (2008).

>> PARA SABER MAIS

Os APs são, via de regra, configurados para não utilizarem o protocolo CSMA/CA para quadros com determinado tamanho (inicialmente, o tamanho máximo de um quadro, ou seja, 2.346 bytes). Tal valor é comumente referido como *threshold* do RTS. É possível modificá-lo nos equipamentos, mas isso deve ser feito em circunstâncias específicas e com cuidado. As estações, ao detectarem que a rede está livre, tentam transmitir e não utilizam RTS e CTS. A ocorrência de colisão será detectada pela ausência da mensagem de confirmação.

A Figura 2.7 apresenta um esquema de temporização do protocolo CSMA/CA.

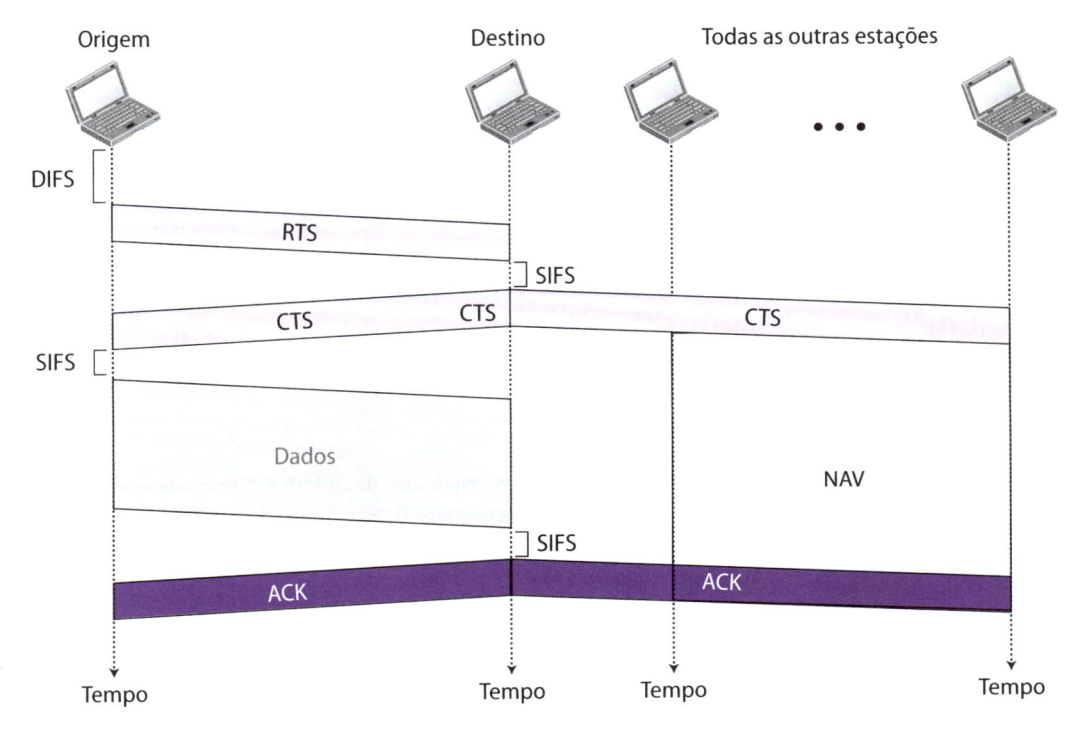

Figura 2.7 Esquema de temporização do protocolo CSMA/CA.
Fonte: Forouzan e Mosharraf (2013).

PCF

Outro método de controle de acesso ao meio definido no padrão IEEE 802.11 é o PCF. Ele é opcional, pouco implementado e utiliza como suporte o próprio DCF. A ideia principal por traz de sua existência é melhorar o desempenho de redes cujos dados não devem sofrer atraso. No PCF, o AP realiza uma varredura para saber que estações estão aguardando para transmitir.

» Formato do quadro WLAN

Uma WLAN 802.11 apresenta mecanismos mais complexos de controle de erro do que uma rede Ethernet. Como visto na seção anterior, há quadros de controle para iniciar a transmissão (RST, CTS) e para confirmar o recebimento correto dos dados (ACK). Trata-se de um serviço não orientado à conexão, mas com confirmação. Dessa forma, o quadro possui uma complexidade maior.

O quadro 802.11 permite a transmissão de até 2.312 bytes provenientes do nível de rede. O tamanho total é de 2.346 bytes. A Figura 2.8 apresenta o formato do quadro.

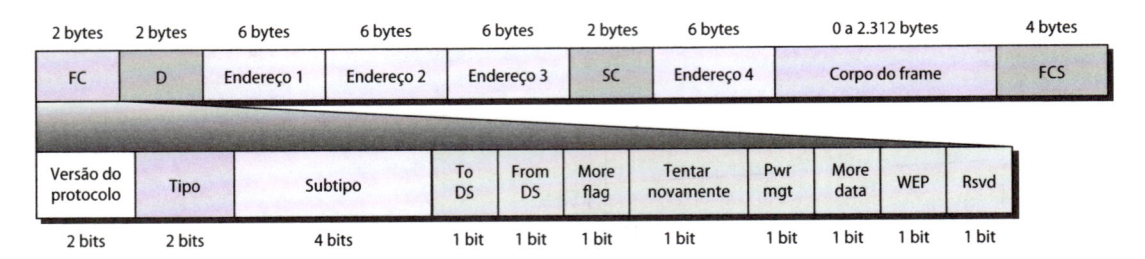

2 bytes	2 bytes	6 bytes	6 bytes	6 bytes	2 bytes	6 bytes	0 a 2.312 bytes	4 bytes
FC	D	Endereço 1	Endereço 2	Endereço 3	SC	Endereço 4	Corpo do frame	FCS

Versão do protocolo	Tipo	Subtipo	To DS	From DS	More flag	Tentar novamente	Pwr mgt	More data	WEP	Rsvd
2 bits	2 bits	4 bits	1 bit	1 bit	1 bit	1 bit	1 bit	1 bit	1 bit	1 bit

Figura 2.8 Formato do quadro IEEE 802.11.
Fonte: Forouzan (2008).

> **DEFINIÇÃO**
> **Quadros de gerenciamento** são aqueles trocados entre estações sem fio e APs para iniciarem uma comunicação.
>
> **Quadros de controle** são aqueles usados para acessar o canal e confirmar recebimento de dados (RTS, CTL e ACK).
>
> **Quadros de dados** são os que carregam as informações do nível de rede.

A memorização dos campos existentes, da ordem em que aparecem ou do tamanho de cada um não é necessária, mas o estudo do quadro ajuda a entender melhor como funciona uma rede Ethernet. As funções dos nove campos que compõem o quadro são as seguintes:

1. CQ (Controle do Quadro – 2 bytes) ou FC (*Frame Control*): esse campo define o tipo de quadro (gerenciamento, controle e dados) e algumas informações de controle (fragmentação, gerenciamento de energia, criptografia, etc).
2. D (Duração – 2 bytes): em quadros de dados, esse campo define a duração da transmissão, o que é muito importante para que as outras estações estabeleçam o NAV.
3. Endereços (6 bytes para cada endereço): há quatro campos de endereços que serão detalhados na próxima seção.
4. CS (Controle de Sequência – 2 bytes) ou SC (*Sequency Control*): campo utilizado para realizar o controle de fluxo. Cada quadro é enviado com um número de sequência, permitindo a confirmação do recebimento.
5. Corpo do quadro (de 0 a 2312 bytes) ou Corpo do *frame*: essa área é reservada para o transporte dos dados, isto é, aquilo que foi entregue pelo nível que está acima do enlace.
6. FCS (*Frame Check Sequence* – 4 bytes): esse campo contém código CRC-32 para controle de erro.

» Endereçamento de redes sem fio

Os endereços utilizados em redes locais sem fio são os mesmos da rede cabeada. Se você verificar o endereço da placa *wireless* do seu computador, perceberá que ali aparece um endereço MAC de 6 bytes. A novidade está no uso desses endereços, padronizados na norma IEEE 802.11, o que interfere na configuração do quadro. Para compreender o uso de quatro endereços no quadro IEEE 802.11 é preciso identificar os quatro tipos de transmissão existentes e ilustrados na Figura 2.9:

Transmissão para equipamento no mesmo BSS, sem uso de sistema de distribuição: nesse caso, o campo endereço 1 conterá o MAC destino; endereço 2, o MAC origem; e endereço 3, a identificação do BSS. Isso faz com que o ACK seja direcionado para a estação origem.

Transmissão de uma mensagem que veio de um sistema de distribuição, isto é, de um AP para o dispositivo dentro do BSS: o campo endereço 1 conterá o MAC destino; o campo 2, o MAC do AP transmissor; e o campo 3, o MAC origem. Isso faz com que o ACK seja enviado para o AP.

Transmissão de uma estação para um sistema de distribuição, isto é, para um AP: o campo endereço 1 conterá o MAC do AP; o campo 2, o MAC origem; e o campo 3, o MAC destino. Isso faz com que o ACK seja enviado para a estação origem.

Transmissão em um sistema de distribuição sem fio: a comunicação de dados se dá entre dois APs através de outra WLAN. Nesse caso, o campo endereço 1 conterá o MAC do AP destino; o campo 2, o MAC do AP transmissor; o campo 3, o MAC destino; e o campo 4, o MAC origem. Isso faz com que o ACK seja enviado para o AP transmissor.

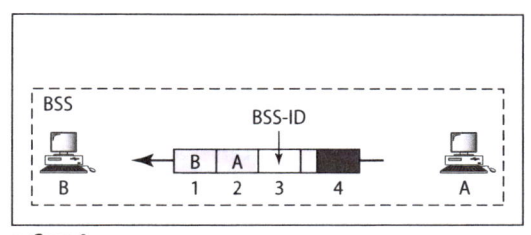

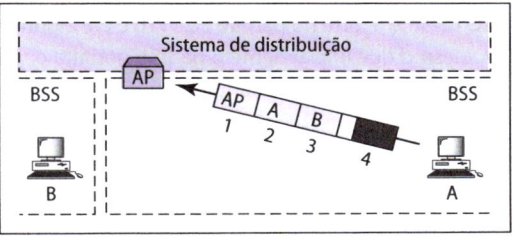

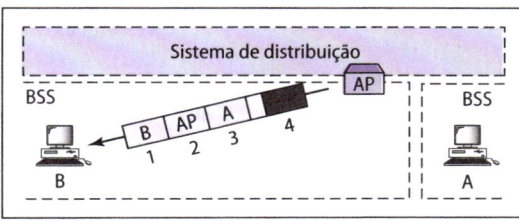

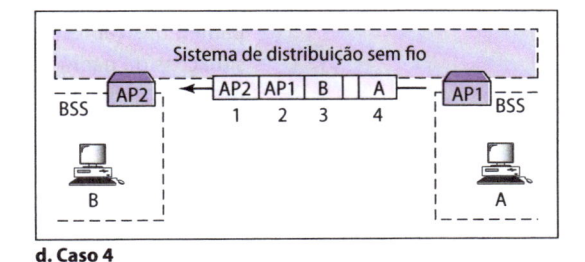

Figura 2.9 Tipos de transmissão que determinam posicionamento dos endereços no quadro.
Fonte: Forouzan (2008).

>> CURIOSIDADE

A indicação do tipo de transmissão de cada quadro está contida no primeiro campo (FC, conforme a Figura 2.7). Existem dois sinalizadores de um bit que definem os tipos. Esses identificadores são conhecidos como *To DS* e *From DS*. *DS* é uma sigla para sistema de distribuição. Os valores possíveis em relação aos tipos de transmissão são os seguintes:

- *To DS* = 0 / *From DS* = 0: transmissão não passa por sistema de distribuição.
- *To DS* = 0 / *From DS* = 1: transmissão do AP para a estação.
- *To DS* = 1 / *From DS* = 0: transmissão da estação para o AP.
- *To DS* = 1/ *From DS* = 1: transmissão entre APs.

>> Padrões IEEE 802.11

Atualmente, convivemos com quatro padrões de redes locais sem fio definidos pela IEEE: 802.11a, 802.11b, 802.11g e 802.11n. Esses padrões apresentam diferenças no tipo de sinalização, na banda passante e na velocidade máxima de transmissão. O primeiro padrão citado é pouco utilizado, e os dispositivos mais modernos costumam operar nos dois últimos, que são mais rápidos. O Quadro 2.3 apresenta as características de cada um dos padrões.

O Quadro 2.3 indica sobreposição de canais nas redes 802.11b, 802.11g e 802.11n. De fato, embora tais WLANs apresentem distintos canais para que redes vizinhas possam trabalhar com menor interferência, os canais apresentam frequências sobrepostas. A Figura 2.10 é uma representação da sobreposição existente no padrão 802.11g. Cada canal apresenta uma largura de banda de 22MHz, e apenas os de número 1, 6, 11 e 14 não se sobrepõem. No Brasil, não existe o canal 14 e, mesmo que oficialmente o padrão permita o uso de 13 canais, muitos equipamentos só apresentam 11. O mesmo ocorre no padrão 802.11b e em algumas situações do padrão 802.11n. Mesmo que oficialmente o padrão permita o uso de 13 canais, muitos equipamentos no Brasil só apresentam 11.

Quadro 2.3 » Características principais dos padrões de WLAN

	802.11a	802.11b	802.11g	802.11n
Velocidade máxima	54Mbps	11Mbps	54Mpps	150-600Mbps
Banda ISM	5GHz	2,4GHz	2,4GHz	2,4 ou 5GHz
Quantidade de canais	23	Mundo – 13 Estados Unidos – 11 Japão – 14	Mundo – 13 EUA – 11	Mundo – 13 (2,4GHz – 20MHz) Estados Unidos – 11 (2,4GHz – 20MHz) 24 (5GHz – 20MHz) 12 (5GHz – 40MHz)
Canais que não se sobrepõem	–	1, 6, 11, 14	1, 6, 11	1, 6, 11 (2,4GHz – 20MHz)
Sinalização	OFDM[1]	HR- DSS[2]	OFDM	MIMO-OFDM

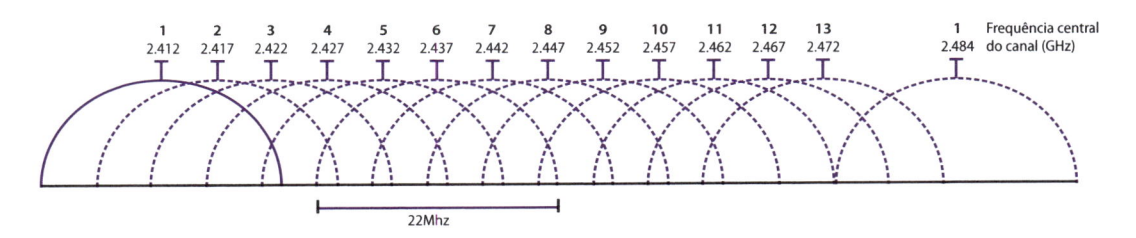

Figura 2.10 Sobreposição dos canais do padrão IEEE 802.11g.
Fonte: dos autores.

As WLANs costumam alcançar distâncias de 35 a 140 metros, dependendo da quantidade de paredes entre os pontos. As redes que operam na frequência de 2,4GHz sofrem interferência de fornos de micro-ondas, telefones sem fio e equipamentos com tecnologia bluetooth. A frequência de 5GHz apresenta maior dificuldade no que diz respeito a distâncias.

As redes 802.11b e 802.11g são compatíveis. É preciso tomar cuidado ao configurar um *access point*, pois a habilitação desta compatibilidade causará diminuição da velocidade dos dispositivos do padrão mais rápido. Se sua rede só possuir equipamentos 802.11g, tal opção não deve ser habilitada. O mesmo vale para o padrão 802.11n, que pode ser utilizado de modo compatível com as redes mais antigas.

» **DICA**
No padrão 802.11n é empregada uma técnica denominada MIMO (*Multiple Input Multiple Output*) para mitigar o problema do ruído. A técnica consiste no uso de múltiplas antenas.

[1] OFDM: *Orthogonal Frequency-Division Multiplexing*.
[2] DSS: *High-bit Rate Direct Sequence Spread Spectrum*.

❯❯ Configurações de segurança

Existem algumas possibilidades para a configuração de segurança em uma WLAN. Essas opções aparecem nos APs com as denominações a seguir.

WEP

WEP (*Wired Equilavalent Privacy*) é o mecanismo de segurança mais simples. Utiliza o algoritmo RC4 com chaves de 40 ou 104 bits. Apesar de ser uma opção melhor do que não realizar nenhuma autenticação, seu uso é considerado inseguro e deve ser evitado.

WPA

O WPA (*Wi-Fi Protected Access*) corresponde à implementação de uma primeira versão do padrão IEEE 802.11i (versão *draft*). Teve por objetivo substituir o WEP sem necessidade de troca de hardware. Utiliza TKIP (*Temporal Key Integrity Protocol*) a fim de garantir a confidencialidade e integridade dos dados. Tal protocolo gera diferentes chaves para cada pacote.

WPA2

O WPA2 é um selo da WiFi Alliance que garante a interoperabilidade entre dois dispositivos com a utilização do padrão IEEE 802.11i. O algoritmo de criptografia utilizado é o AES (*Advanced Encryption Standard*) e não mais o RC4. Pode utilizar TKIP ou CCMP (*Counter Mode with Cipher Block Chaining Message Authentication Code Protocol*) para fornecer confidencialidade, integridade e autenticação. Se todos os dispositivos da sua rede suportarem, esse deve ser o modelo escolhido.

> ❯❯ **ATENÇÃO**
> Lembre-se sempre de alterar a configuração padrão do seu AP. Se possível, configure-o para utilizar apenas o padrão 802.11g ou 802.11n. Também tente descobrir qual canal apresenta um menor tráfego e utilize-o. Visite o ambiente virtual de aprendizagem Tekne para ter acesso ao download de ferramentas que realizam a análise dos diversos canais.

> ❯❯ **IMPORTANTE**
> O WPA é mais seguro do que o WEP, mas ainda apresenta algumas falhas de segurança.

Modos de operação para WPA e WPA2

Personal

Esse é o modo normalmente utilizado em residências e pequenas empresas. Há uma chave compartilhada (PSK – *Pre-Shared Key*), o que se constitui em um problema de segurança irrelevante para o usuário doméstico, mas considerável para uma empresa.

Enterprise

Esse é o modo mais apropriado para estruturas maiores. Nesse caso, a autenticação é realizada em um servidor de autenticação e não no AP. Pode-se utilizar um servidor RADIUS, por exemplo. Costuma-se chamar esse tipo de implementação de RSN (*Robust Secure Network*) e as especificações se encontram no padrão IEEE 802.11x.

> **» ATENÇÃO**
> Nunca deixe o seu AP com a configuração original de fábrica. Mude o método de autenticação para WPA2 e altere a senha. Se for responsável por uma rede sem fio em uma organização, procure instalar um servidor de autenticação para cada usuário ter uma senha diferente.

» Agora é a sua vez!

1. Descubra qual é o fabricante de sua interface de rede a partir do endereço MAC de seu computador.
2. Monitore uma rede Ethernet com o programa Wireshark e verifique se os quadros apresentam o tamanho ou tipo.
3. Monitore uma rede sem fio com o programa Wireshark e verifique que endereços são utilizados na transmissão.
4. Configure o seu AP para utilizar WPA2 *Personal*.
5. Instale algum software que identifica os canais mais utilizados e reconfigure o seu AP procurando evitar sobreposição.
6. Cite os meios utilizados pela Ethernet desde a sua criação e suas características.
7. Explique como funciona a rede Ethernet.
8. Aponte as diferenças entre o Protocolo CSMA/CD e o Protocolo CSMA/CA.
9. Com que objetivo foram criados os métodos de acesso ao meio DCF e PCF?
10. Quais são as diferenças e semelhanças entre endereçamento de rede e endereçamento de rede sem fio?
11. Qual é a opção mais segura para uma rede sem fio e por quê?

REFERÊNCIAS

FOROUZAN, B. A. *Comunicação de dados e redes de computadores*. 4.ed. Porto Alegre: AMGH, 2008.

LEITURAS SUGERIDAS

FOROUZAN, B. A.; MOSHARRAF, F. *Redes de computadores:* uma abordagem top-down. Porto Alegre: AMGH, 2013.

KUROSE, J. F.; ROSS, K. W. *Redes de computadores e a internet*: uma abordagem top-down. 5. ed. São Paulo: Addison Wesley Bra, 2010.

SPURGEON, C. E. *Ethernet the definitive guide*. Sebastopol: O'Reilly, 2000.

TANENBAUM, A. S. ; WETHERALL, D. J. *Redes de computadores*. 5. ed. São Paulo: Pearson Education do Brasil, 2011.

capítulo 3

Protocolo ARP

Endereços da camada de enlace apresentam um papel fundamental para o correto funcionamento das redes. O protocolo ARP (Address Resolution Protocol) realiza o mapeamento desses endereços com os da camada de rede (IP). Neste capítulo, você estudará o funcionamento desse protocolo.

Objetivos de aprendizagem

» Reconhecer o funcionamento do protocolo ARP.
» Identificar a relação entre endereços de nível 2 e 3.

>> Introdução

No livro *Redes de Computadores: nível de aplicação e instalação de serviços*, você aprendeu que os protocolos das redes de computadores são organizados em camadas, cada uma com diferentes funções. Essa estruturação permite organizar em diferentes níveis de abstração os diversos problemas que devem ser resolvidos para que a comunicação de dados ocorra de forma correta.

Um aspecto fundamental do relacionamento entre a camada de rede e a camada de enlace é a tradução de endereços de rede para endereços de enlace. Neste capítulo, será estudado o protocolo responsável por essa tradução. Na primeira seção, você compreenderá a relação entre os dois endereços; na segunda, o funcionamento do protocolo; e, na terceira, a nomenclatura mais avançada.

>> Relação entre endereços de rede e de enlace

> **>> DICA**
> No equipamento que está recebendo a mensagem ocorre o **desencapsulamento** das PDUs (*Protocol Data Units*) a partir do nível de enlace até o nível de aplicação.

Um dos princípios básicos dessa organização hierárquica de serviços e protocolos é o **encapsulamento dos dados** advindos do nível superior pelo nível inferior. Em um dispositivo originador de uma mensagem, ocorre uma sequência de encapsulamentos que inicia no nível de aplicação e termina no nível de enlace. A Figura 3.1 apresenta de forma simplificada esse funcionamento.

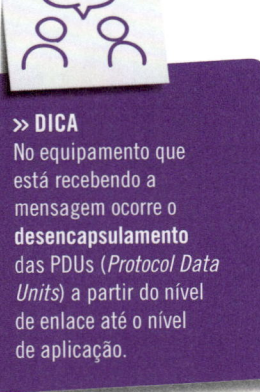

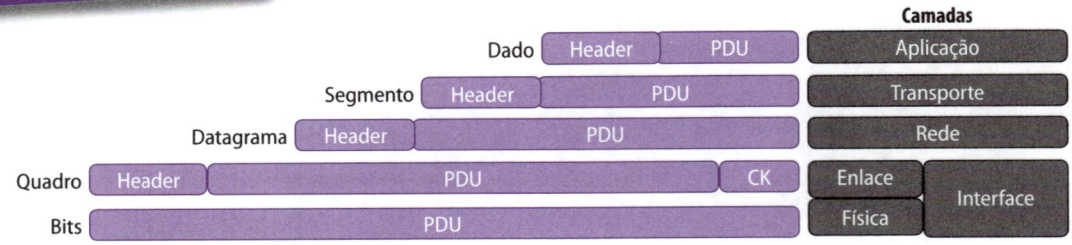

Figura 3.1 Encapsulamento de informações no modelo TCP/IP.
Fonte: Schmitt, Peres e Loureiro (2013).

Embora estejamos acostumados a levar em conta apenas números IP quando tratamos dos endereços dos dispositivos de uma rede de computadores, é preciso considerar que esse não é o único endereço existente. O datagrama IP será encapsulado em um quadro do nível de enlace para transmissão.

Como visto no capítulo anterior, protocolos da camada de enlace apresentam também um esquema de endereçamento. Isso é especialmente importante nas redes Ethernet ou nas redes locais sem fio. No Capítulo 2, você viu que cada computador de uma rede local apresenta um endereço MAC.

A Figura 3.2 demonstra como um pacote percorre vários segmentos de rede para chegar ao destino. Ao longo desse trajeto, ele é sucessivamente desencapsulado e reencapsulado. Nesse processo, o endereço de nível de rede é mantido, e o endereço de nível de enlace vai sendo alterado em cada rede física distinta (em cada link ou enlace).

> **» DICA**
> Da mesma forma que um datagrama IP só chegará ao seu destino com o endereço de rede correto, o quadro só será recebido pelo dispositivo destino se contiver o endereço de enlace correto.

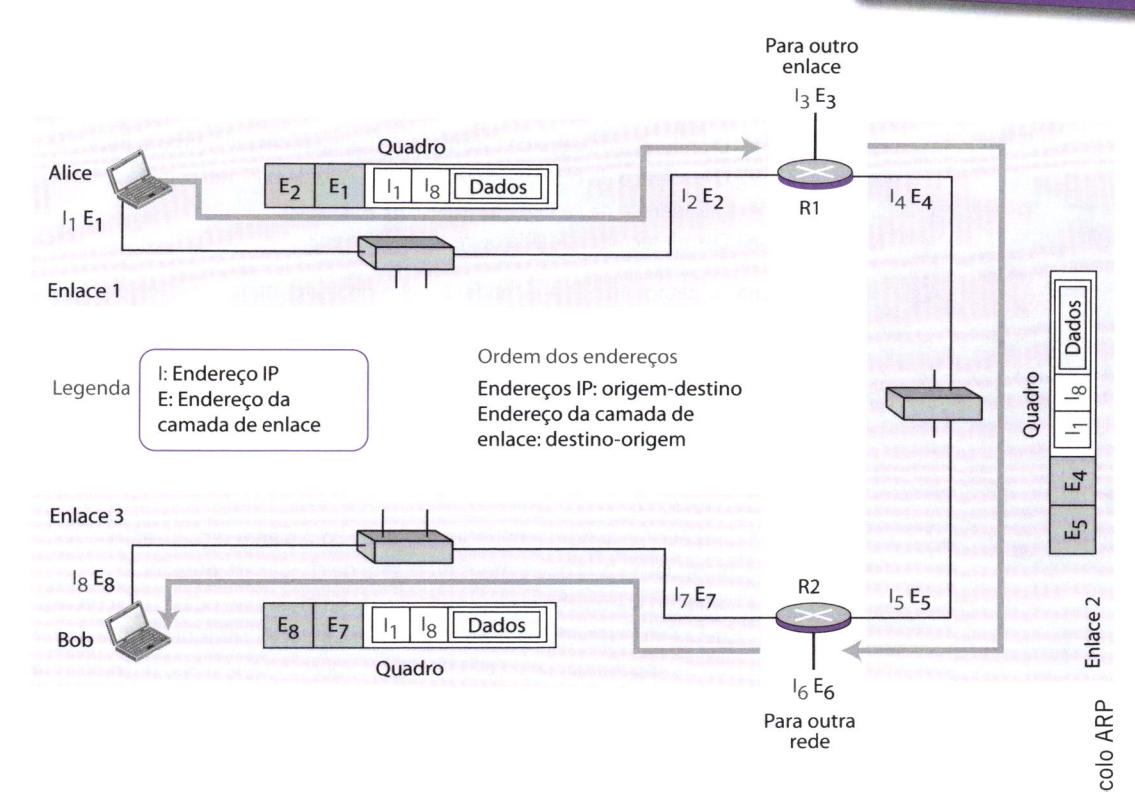

Figura 3.2 Exemplo da troca de endereços de enlace ao longo da transmissão de uma mensagem.
Fonte: Fourozan e Mosharraf (2013).

Ao analisar mais profundamente a Figura 3.2, você notará que existem três redes físicas. A primeira rede liga o computador Alice ao roteador R1; a segunda, o roteador R1 ao roteador R2; e a terceira, o roteador R2 ao computador Bob. Observe o que ocorre com uma mensagem enviada por Alice para Bob.

1. A figura mostra somente os campos de endereço das camadas de enlace e de rede, não exibindo toda a mensagem. O restante é considerado apenas dados.
2. Analisando mais atentamente os endereços de cada equipamento, você perceberá que:
   - O endereço da camada de enlace de Alice é E1.
   - O endereço da camada de rede de Alice é I1.
   - O endereço da camada de enlace de R1, na rede que liga com Alice, é I2.
   - O endereço da camada de rede de R1, na rede que liga com Alice, é E2.
   - O endereço da camada de enlace de R1, na rede que liga com R2, é I4.
   - O endereço da camada de rede de R1, na rede que liga com R2, é E4.
   - O endereço da camada de enlace de R2, na rede que liga com R1, é I5.
   - O endereço da camada de rede de R2, na rede que liga com R1, é E5.
   - O endereço da camada de enlace de R2, na rede que liga com Bob, é I7.
   - O endereço da camada de rede de R2, na rede que liga com Bob, é E7.
   - O endereço da camada de enlace de Alice é E8.
   - O endereço da camada de rede de Alice é I8.

> **» IMPORTANTE**
> Embora a camada de rede seja a responsável pela chegada do pacote ao destino final, com a passagem por várias redes, isso só será possível porque, em cada link, o quadro é remontado com um novo endereço de nível de enlace.

Ao criar o datagrama IP, a camada de rede do computador Alice coloca como endereço destino E7, que é o destino final. Como endereço origem, coloca o seu próprio (E1). Observe que isso nunca é modificado ao longo do trajeto. São esses endereços que permitem o correto roteamento do pacote. No entanto, a mensagem terá de passar por vários dispositivos até chegar ao computador Bob.

3. A seguinte sequência lógica é executada ao longo do percurso do pacote pela rede:
   - Em Alice, o quadro tem de ser montado com o endereço de enlace destino igual a E2, já que a mensagem tem de chegar ao roteador R1.
   - Quando **R1** recebe o quadro, seu nível de enlace acredita que a mensagem é direcionada para ele mesmo. Ao passar a PDU (unidade de dados do protocolo) para o nível de rede, este percebe que o endereço destino I8 não lhe pertence e que a mensagem deve ser roteada.
   - O nível de rede de R1, pelas suas tabelas de roteamento (visto no Cap. 7 do livro *Redes de Computadores II: níveis de transporte e rede*), descobre que a mensagem deve ser encaminhada para R2. Por isso, solicita ao nível de enlace que envie um quadro para E5 (endereço da camada de enlace de R2).
   - Quando **R2** recebe o quadro, seu nível de enlace acredita que a mensagem é direcionada para ele mesmo. Ao passar a PDU para o nível de rede, este percebe que o endereço destino I8 não lhe pertence e que a mensagem deve ser roteada.

- O nível de rede de R2 descobre que a mensagem deve ser encaminhada para o computador Bob. Por isso, solicita ao nível de enlace que envie um quadro para E8 (endereço da camada de enlace de Bob).
- Quando a mensagem chega até **Bob**, tanto o nível de enlace quanto o de rede reconhecem que ele é o destino final. Não há mais necessidade de rotear. Dessa forma, a camada de rede repassará a sua PDU para a camada de transporte.

O exemplo apresentado permite concluir que a camada de rede precisa descobrir o endereço de nível mais baixo a fim de solicitar que a camada de enlace monte um quadro. O roteador R2 teve de descobrir qual era o endereço de enlace que correspondia ao endereço de rede E8. Para a máquina Alice, não interessa o endereço de enlace de Bob, pois os dois não estão na mesma rede física. Alice precisa enviar o quadro para o *gateway default*.

Assim como há um protocolo para descobrir qual é o endereço IP de um determinado nome (DNS), há um protocolo para realizar a tradução de endereços de rede para endereços de enlace. Tal protocolo recebe o nome de **ARP**. A Figura 3.3 apresenta o posicionamento do protocolo na arquitetura TCP/IP. É um protocolo assessório da camada de rede. Alguns autores propositalmente colocam-na na interface das duas camadas.

>> **ATENÇÃO**
A maior parte dos pacotes que chegam a um roteador tem endereços destino de enlace e de rede distintos. Esses endereços somente serão iguais quando uma mensagem for dirigida para o próprio roteador, como no acesso à configuração.

>> **IMPORTANTE**
Como visto em *Redes de Computadores II: níveis de transporte e rede*, o endereço IP do *gateway default* é conhecido. É necessário, portanto, descobrir que endereço do nível de enlace corresponde ao endereço de rede do *gateway default* configurado.

>> **NO SITE**
Para saber mais sobre o protocolo ARP, acesse o ambiente virtual de aprendizagem Tekne: **www.bookman.com.br/tekne**.

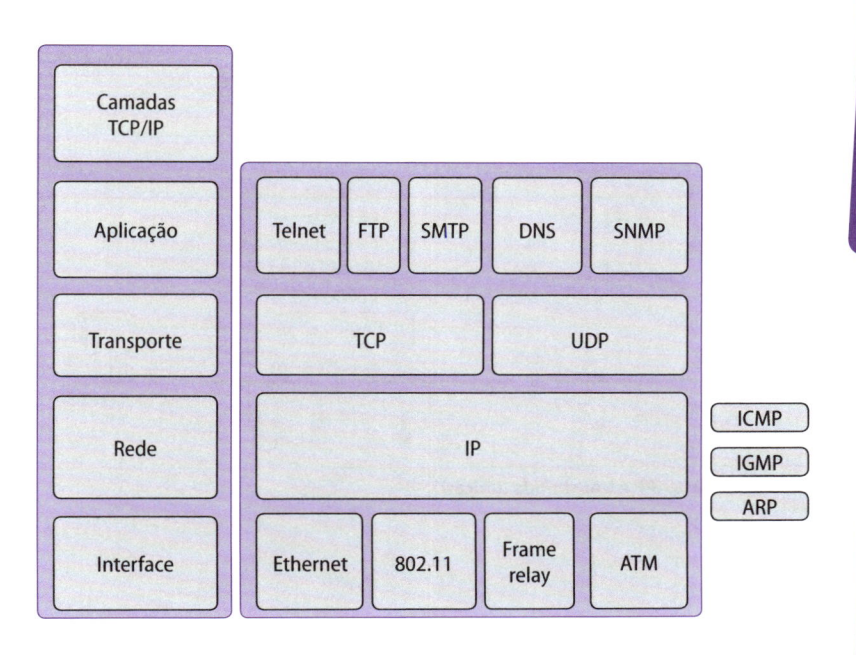

Figura 3.3 Principais protocolos do modelo TCP/IP.
Fonte: Schmitt, Peres e Loureiro (2013).

Quadro ARP e funcionamento

> **ATENÇÃO**
> Note que a solicitação ARP apresentada na Figura 3.4 é um quadro *broadcast* direcionado a todos os computadores da rede, mas a resposta é um quadro *unicast* direcionado apenas àquele que fez a pergunta.

O **funcionamento do protocolo ARP** é relativamente simples. O dispositivo que deseja descobrir determinado endereço de enlace envia um pacote ARP para todos os dispositivos da rede (quadro do tipo *broadcast*) contendo o endereço IP que necessita ser traduzido. Apenas o equipamento que apresentar o respectivo endereço IP responderá, comunicando qual é seu endereço de enlace.

A Figura 3.4 apresenta um exemplo no qual o "Sistema A" solicita a tradução do endereço "141.23.56.23". Quatro equipamentos recebem o pacote. Apenas o "Sistema B" responde, comunicando que o endereço MAC (nível de enlace) é "A4:6E:F4:59:83:AB".

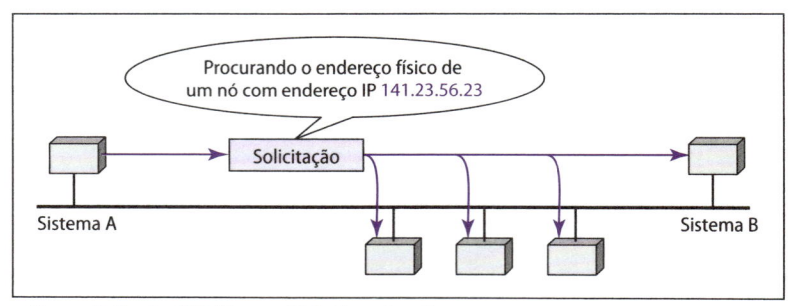

a. Uma solicitação ARP é transmitida (broadcast)

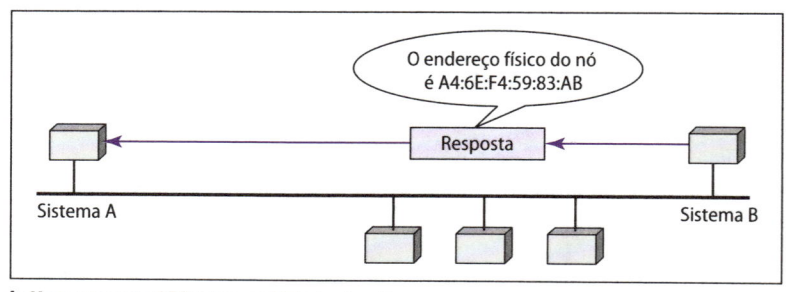

b. Uma resposta ARP é transmitida (unicast)

Figura 3.4 Operação ARP.
Fonte: Forouzan (2008).

O pacote ARP (Fig. 3.5), que é encapsulado em um quadro, apresenta oito campos, conforme a explicação a seguir:

Quadro 3.1 » Campos do pacote ARP

Campo	Característica/função	Exemplo
Tipo de hardware	Corresponde ao tipo de rede	Ethernet, X.25, IEEE 802, Frame Relay
Tipo de protocolo	Corresponde ao protocolo de rede	IP é identificado por 0x0800
Tamanho do hardware	Comprimento do endereço de enlace em bytes	6 para endereços MAC
Tamanho do protocolo	Comprimento do endereço de redes em bytes	4 para endereços IP
Operação	Tipo de operação	ARP request ou ARP reply
Endereço de hardware da origem	Endereço de enlace do remetente	Endereço MAC
Endereço de protocolo da origem	Endereço de rede do remetente	Endereço IP
Endereço de hardware do destino	Endereço de enlace do destinatário	Endereço MAC
Endereço de protocolo do destino	Endereço de rede do destinatário	Endereço IP

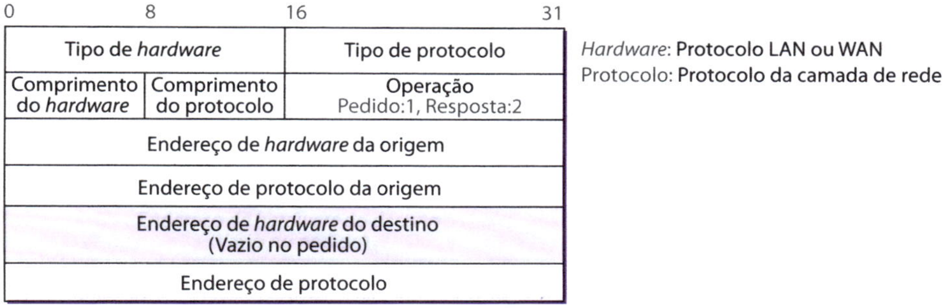

```
0            8            16                    31
+-------------------------+-------------------------+
|    Tipo de hardware     |    Tipo de protocolo    |
+------------+------------+-------------------------+
| Comprimento| Comprimento|         Operação        |
| do hardware| do protocolo|   Pedido:1, Resposta:2 |
+------------+------------+-------------------------+
|         Endereço de hardware da origem            |
+---------------------------------------------------+
|         Endereço de protocolo da origem           |
+---------------------------------------------------+
|         Endereço de hardware do destino           |
|              (Vazio no pedido)                    |
+---------------------------------------------------+
|              Endereço de protocolo                |
+---------------------------------------------------+
```

Hardware: **Protocolo LAN ou WAN**
Protocolo: **Protocolo da camada de rede**

Figura 3.5 Formato do pacote ARP.
Fonte: Forouzan e Mosharraf (2013).

Uma solicitação ARP será enviada para todos os equipamentos da rede física e não conterá o endereço de hardware do destino. O dispositivo que apresentar o endereço de protocolo do destino retornará uma resposta ARP com os quatro endereços preenchidos.

A Figura 3.6 mostra uma consulta. Nela, o "Sistema A" não sabe o endereço MAC do "Sistema B". No pedido, essa informação está zerada. Na resposta, está preenchida.

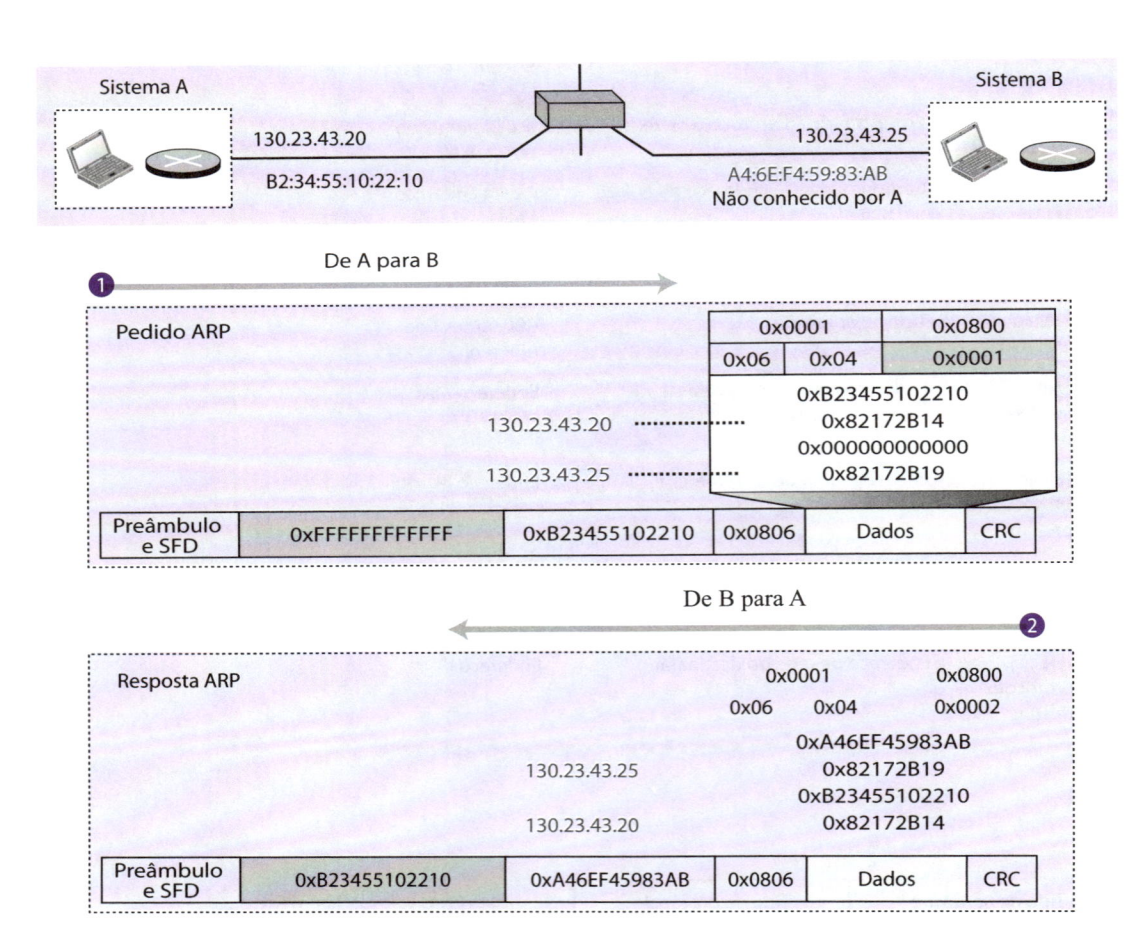

Figura 3.6 Exemplo de troca de pacotes ARP.
Fonte: Forouzan e Mosharraf (2013).

Nomenclatura avançada utilizada com ARP

Até aqui, foram estudados o objetivo e o funcionamento do protocolo ARP. Todavia, há alguns termos e conceitos que o profissional de rede deve dominar para melhor compreender o protocolo. Veja a seguir.

ARP Caching

Se para cada pacote enviado houvesse necessidade de utilização do protocolo ARP para descobrir o endereço de enlace de um equipamento, esse tráfego acabaria por tornar-se um empecilho para o bom desempenho da rede. Além disso, a consulta sempre demanda algum tempo. Por isso, os sistemas operacionais guardam as traduções de endereços IP para endereços MAC na memória. Essa tabela de tradução, localmente armazenada pelo sistema operacional, é conhecida como **ARP cache**. Ela é responsável por diminuir o número de quadros de *broadcast* na rede.

No sistema operacional Linux, o comando "arp" permite que você visualize a tabela guardada. A Figura 3.7 apresenta um exemplo.

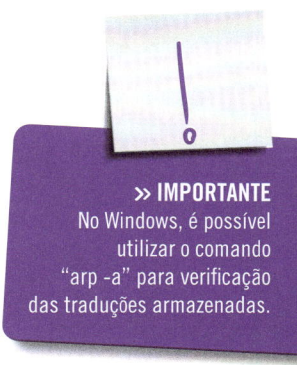

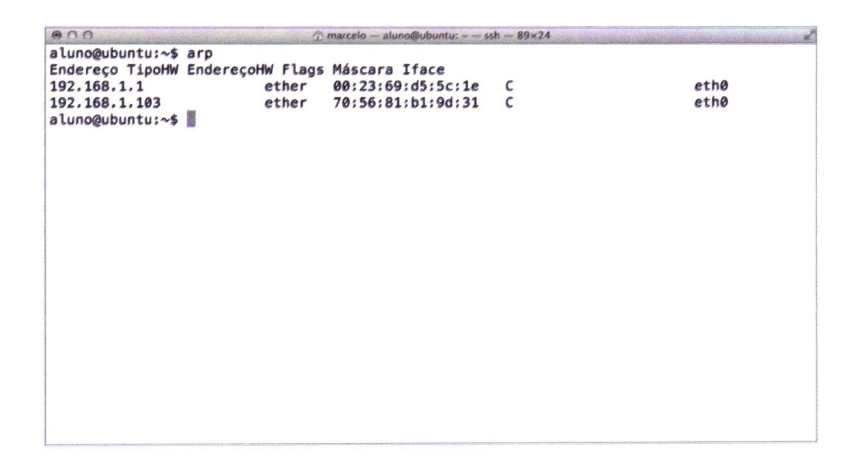

> **» IMPORTANTE**
> No Windows, é possível utilizar o comando "arp -a" para verificação das traduções armazenadas.

```
aluno@ubuntu:~$ arp
Endereço  TipoHW  EndereçoHW         Flags  Máscara  Iface
192.168.1.1       ether   00:23:69:d5:5c:1e   C               eth0
192.168.1.103     ether   70:56:81:b1:9d:31   C               eth0
aluno@ubuntu:~$
```

Figura 3.7 Exemplo de ARP cache de um equipamento Linux.
Fonte: dos autores.

» Proxy ARP

O **Proxy ARP**, definido nas RFCs (*Request For Comments*) 925 e 1027, corresponde a uma técnica em que um equipamento responde à consulta ARP em nome de outro. Este último, por sua vez, não se encontra na mesma rede física do originador da solicitação. Tal configuração permite que duas redes físicas distintas compartilhem uma única rede IP. O computador origem considera que todos os dispositivos estão no mesmo enlace. O roteador que separa as duas redes age como Proxy ARP para causar essa ilusão. Esse tipo de configuração pode ser utilizado em configurações de *firewalls*.

Na Figura 3.7, é possível ver um exemplo em que a mesma rede IP está em dois enlaces distintos. O roteador deverá responder na rede A todas as consultas ARP direcionadas para endereços pertencentes à rede B e vice-versa.

> **» ATENÇÃO**
> Embora o uso de Proxy ARP possa facilitar a configuração de uma rede, ou mesmo sua segmentação, ele traz algumas consequências indesejadas, como o aumento do tráfego ARP e o aumento das tabelas ARP.

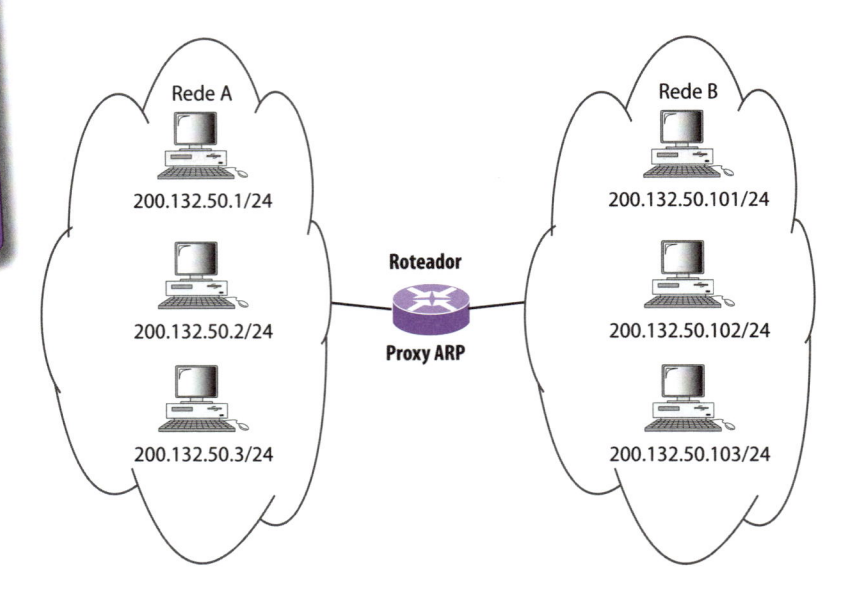

Figura 3.8 Exemplo de roteador funcionando como Proxy ARP.
Fonte: dos autores.

» ARP gratuito

O **ARP gratuito** ou *Gratuitous ARP* está relacionado com o uso de pacotes ARP fora da sua função tradicional. Nesse caso, tanto o endereço de protocolo da origem quanto o endereço de protocolo do destino do pacote são configurados com o número IP do dispositivo que está enviando a consulta. Em resumo, o dispositivo realiza uma consulta a respeito do seu próprio endereço.

1. Existem dois usos para esse tipo de pacote:
2. Detectar se há duplicação de endereços IP na rede.

Anunciar uma nova interface a fim de atualizar a ARP cache de outros dispositivos da rede – inclusive switches. Muitos equipamentos realizam tal operação ao serem ligados ou terem suas interfaces de rede reiniciadas.

> **» IMPORTANTE**
> Não se deve confundir *Reverse ARP* com *Inverse ARP*. A função é semelhante, mas o primeiro é usado com redes Ethernet – endereços MAC –, e o segundo é utilizado com redes Frame Relay.

» RARP

O **RARP** ou *Reverse ARP* é utilizado para traduzir um endereço de nível de enlace para um endereço de nível de rede, isto é, para obter o endereço IP correspondente a determinado endereço MAC. Esse protocolo pode ser utilizado para que estações sem disco recebam o endereço IP. Atualmente, utiliza-se o protocolo DHCP.

» Agora é a sua vez!

1. Qual é o nome do protocolo que realiza a tradução de endereços de rede para endereços de enlace?
2. Descreva as diferenças entre ARP Caching, Proxy ARP, ARP Gratuito e RARP.
3. Investigue quais são os endereços guardados na ARP cache do seu computador.
4. Pesquise qual é o tempo de vida das entradas na ARP cache do sistema operacional que você utiliza.
5. Utilize um programa de monitoração como o Wireshark para visualizar uma troca de pacotes ARP.

REFERÊNCIAS

FOROUZAN, B. A. *Comunicação de dados e redes de computadores*. 4. ed. Porto Alegre: AMGH, 2008.

FOROUZAN, B. A.; MOSHARRAF, F. *Redes de computadores:* uma abordagem top-down. Porto Alegre: AMGH, 2013.

SCHMITT, M. A. R.; PERES, A.; LOUREIRO, C. A. H. *Redes de computadores*: nível de aplicação e instalação de serviços. Porto Alegre: Bookman, 2013.

LEITURAS SUGERIDAS

CARL-MITCHELL, S.; QUARTERMAN, J. S. *Using ARP to implement transparent subnet gateways*. Fremont: IETF tools, 1987. Disponível em: <http://tools.ietf.org/html/rfc1027>. Acesso em: 20 abr. 2014.

KUROSE, J. F.; ROSS, K. W. *Redes de computadores e a internet*: uma abordagem top-down. 5. ed. São Paulo: Addison Wesley Bra, 2010.

PLUMMER, D. C. *An ethernet address resolution protocol*: or converting network protocol addresses to 48.bit ethernet address for transmission on ethernet hardware. Fremont: IETF tools, 1982. Disponível em: <http://tools.ietf.org/html/rfc826>. Acesso em: 20 abr. 2014.

POSTEL, J. *Multi-LAN address resolution*. Fremont: IETF tools, 1984. Disponível em: <http://tools.ietf.org/html/rfc925>. Acesso em: 20 abr. 2014.

TANENBAUM, A. S.; WETHERALL, D. J. *Redes de computadores*. 5. ed. São Paulo: Pearson Education do Brasil, 2011

capítulo 4

Equipamentos de redes e VLANs

Para determinar o porte de uma rede local (LAN) é preciso definir, além da quantidade de computadores e equipamentos que ela interliga, as necessidades dos seus usuários. Essas informações impactam na escolha dos diferentes equipamentos utilizados em uma rede local, que serão descritos neste capítulo. O funcionamento e a configuração de redes locais virtuais (VLANs) também serão abordados.

Objetivos de aprendizagem

» Distinguir os diferentes equipamentos de uma rede local.
» Escolher os equipamentos necessários para cada estrutura de rede.
» Configurar e planejar VLANs.

❱❱ Introdução

Todas as redes locais necessitam de concentradores para interligar computadores e outros equipamentos, como impressoras e *access points*. Inicialmente, em uma rede de pequeno porte, é possível utilizar equipamentos como hubs. À medida que essa rede assume maiores proporções, são necessários novos investimentos, como a inclusão de switches e, posteriormente, roteadores, bem como a divisão do tráfego em redes virtuais.

Contudo, a definição do porte de uma rede não depende apenas da quantidade de computadores e equipamentos que ela interliga. A equação é bem mais complexa, pois depende principalmente das necessidades dos usuários dessa rede, como a interligação entre diferentes localidades, a distância entre os equipamentos e o tráfego gerado e recebido.

A seguir, conheceremos os diferentes equipamentos utilizados em uma rede local e quais são as principais características que devem ser observadas durante a escolha desses equipamentos. Também estudaremos o funcionamento e a configuração de redes virtuais.

❱❱ Hubs

Os **hubs**, ou concentradores (Figura 4.1), foram os primeiros equipamentos utilizados em redes locais com topologia em estrela (protocolo de enlace Ethernet), em que todos os equipamentos de rede são conectados através de um cabo UTP até as portas do equipamento.

Os hubs funcionam por **broadcast**, isto é, quando qualquer equipamento da rede realiza uma transmissão, todos os outros equipamentos recebem essa transmissão, e cada um decide se aquela informação deve ser encaminhada da camada de enlace para a camada de rede de seu equipamento ou descartada. Observe que, dessa maneira, apenas um computador pode transmitir por vez, limitando o uso de hubs para redes que possuem poucos computadores ou baixo tráfego da rede. Em redes domésticas, em que o objetivo é a conexão com a Internet, esse equipamento atende perfeitamente a necessidade.

Figura 4.1 Ilustração de um hub.
Fonte: sripfoto/iStock/Thinkstock.

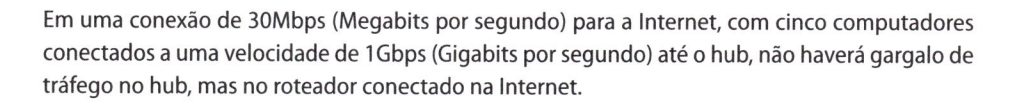

> **›› EXEMPLO**
>
> Em uma conexão de 30Mbps (Megabits por segundo) para a Internet, com cinco computadores conectados a uma velocidade de 1Gbps (Gigabits por segundo) até o hub, não haverá gargalo de tráfego no hub, mas no roteador conectado na Internet.

Como os hubs estão há bastante tempo no mercado, sua velocidade pode variar de 10Mbps a 1Gbps. A quantidade de portas também é bastante variável, de 4 até 48 portas. Contudo, para redes com mais de oito computadores, é indicado o uso de switches.

›› Switches

Os **switches** (Figura 4.2) são os principais equipamentos concentradores de redes utilizados atualmente. Diferem do hub por identificarem que equipamentos estão conectados em suas portas. Para realizar isso, o switch armazena em sua memória um mapeamento que identifica quais endereços MACs

Figura 4.2 Ilustração de um switch.
Fonte: Sorapop/iStock/Thinkstock.

(*Media Access Control*) estão conectados em cada uma de suas portas. Quando um equipamento realiza uma transmissão para outro equipamento, o switch, em vez de realizar um *broadcast*, encaminha a informação apenas para o destino correto. Essa característica permite que ocorra mais de uma transmissão ao mesmo tempo, aumentando a velocidade da rede local.

Os switches possuem velocidades de 100Mbps, 1Gbps e 10Gbps, e podem funcionar tanto com cabos de pares trançados (UTP) quanto com fibras óticas no mesmo equipamento. É importante ressaltar que o switch possui muitas características e recursos, além da velocidade e da quantidade de portas, que devem ser observados antes da escolha do equipamento. Veja alguns a seguir.

» Capacidade máxima de endereços MAC

Como o switch armazena os endereços MACs em memória, em uma rede que interliga vários switches, todos devem conhecer os MACs dos equipamentos que estão conectados nos demais. Caso os switches da rede tenham pouca memória, a tabela de endereços MACs será sempre alterada, incluindo os equipamentos que estão transmitindo e retirando os equipamentos que estão há mais tempo sem transmitir, gerando um pequeno atraso no inicio da conexão.

>> Protocolo SNMP

O SNMP (*Simple Network Management Protocol*) é um protocolo utilizado para gerência do equipamento. Através dele, é possível coletar informações como tráfego por porta, utilização de CPU e temperatura. Essas informações são muito importantes para a solução de problemas.

> **>> PARA REFLETIR**
>
> Uma rede de 5 switches e 300 computadores está lenta. Existiria um computador transmitindo um número muito elevado de dados? Para descobrir, é preciso centralizar as informações coletadas por SNMP de todos os switches em uma gerência, o que permite a verificação dessas informações em minutos.

>> Agregação de portas

Com a agregação de portas (*link aggregation*) é possível conectar mais de uma porta entre dois switches. Isso é necessário quando o tráfego entre dois switches está muito elevado – assim, é possível aumentar a velocidade entre eles, agregando várias portas físicas, transformando-as em uma única porta lógica.

>> Velocidade total

Em muitos switches, a velocidade total (*aggregate bandwidth*) suportada pelo equipamento não condiz com o número de portas. Por exemplo, um switch de 24 portas de 1Gbps deveria ter uma velocidade total de 24Gbps, mas alguns equipamentos possuem uma velocidade total inferior, por isso é importante observar essa característica.

> **>> IMPORTANTE**
> A funcionalidade *link aggregation* é definida pela norma IEEE 802.3ad. É importante verificar se o switch realiza a agregação de portas seguindo essa norma. Caso contrário, a agregação de portas só funcionará com equipamentos do mesmo fabricante.

>> Protocolo STP

O STP (*Spanning Tree Protocol*) permite a resolução dos problemas de *loop* e de redundância. Em uma rede complexa com muitos switches interconectados, é possível que, acidentalmente, alguém realize uma segunda conexão entre os switches. Isso gera um *loop*, onde os dados são encaminhados entre os switches de forma eterna, fazendo com que todos os equipamentos da rede parem de funcionar por causa do elevado tráfego entre eles.

Devido à capacidade de bloquear portas de forma automática, o STP permite também a conexão de mais de uma porta entre switches para se obter redundância. Assim, o protocolo sempre deixará uma das portas bloqueada – caso ocorra um problema de cabeamento na porta em uso, ativará a porta bloqueada.

> **» IMPORTANTE**
> Com o STP habilitado, quando um switch percebe que possui dois caminhos diferentes para chegar ao mesmo endereço MAC, automaticamente bloqueia uma das portas, evitando que a rede entre em colapso.

» VLAN

O recurso VLAN (*Virtual LAN*) permite que o switch tenha diferentes redes que não se conectam entre si dentro do mesmo equipamento. Isso é interessante, por exemplo, para separar a rede administrativa da rede educacional de uma escola, ou separar os diferentes departamentos de uma empresa, de modo que um computador não consiga conexão com outro, mesmo estando fisicamente no mesmo switch (Figura 4.3).

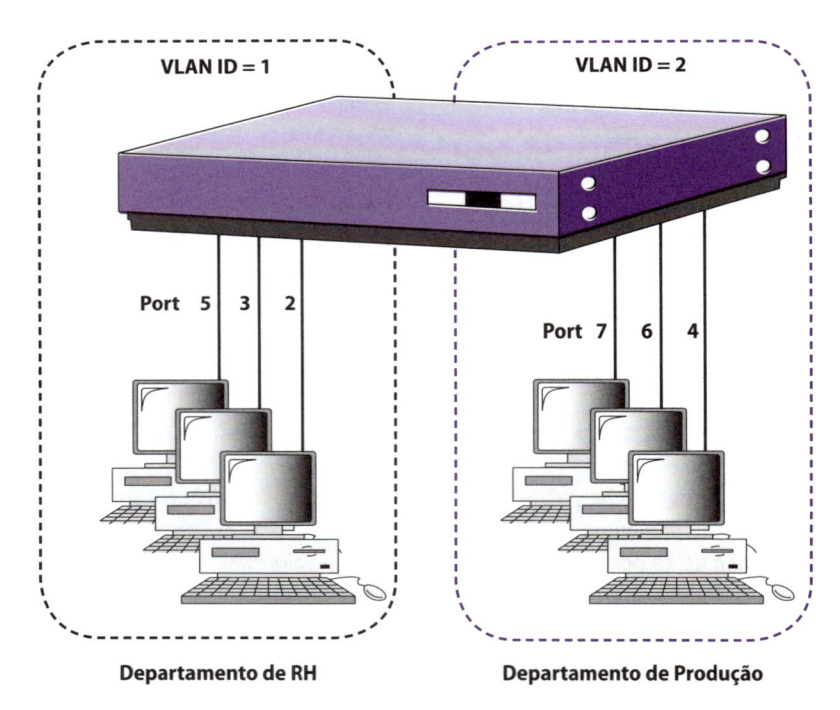

Figura 4.3 Exemplo de uso de VLAN em um switch.
Fonte: dos autores.

Outra possibilidade do uso de VLANs é o transporte de várias redes virtuais de um switch a outro por um único cabo de rede. Assim, torna-se possível estender as redes virtuais por diferentes switches, conforme ilustrado na Figura 4.4.

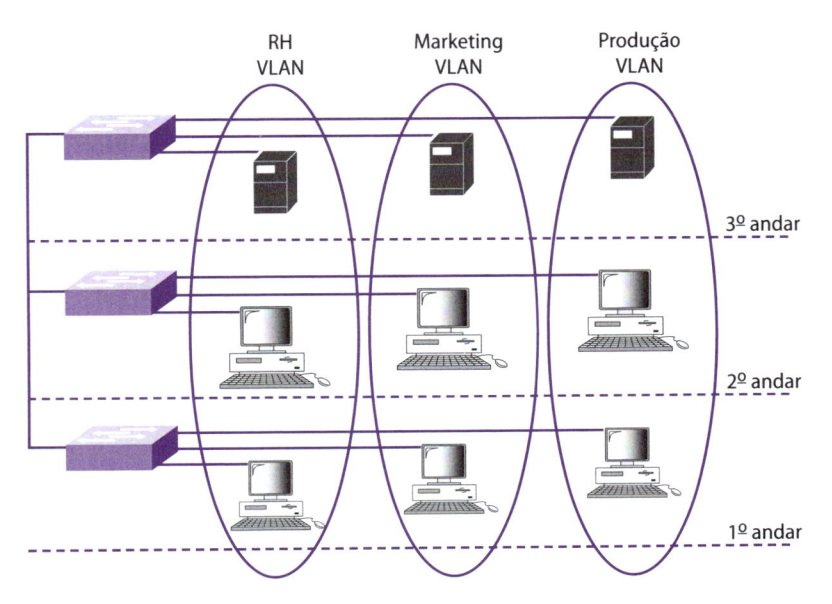

Figura 4.4 Exemplo de uso de VLAN em vários switches.
Fonte: dos autores.

No final deste capítulo, será abordado novamente o funcionamento de VLANs, com foco na implantação de VLANs em uma rede local.

>> Access Point

São equipamentos que funcionam de forma análoga aos hubs; porém, em vez de utilizar cabos de par trançado, utilizam **ondas de radiofrequência**, também conhecidas por *wireless* ou **WIFI**. Os *access points* são os equipamentos que distribuem o sinal WIFI em diferentes velocidades, sistemas de segurança e faixas de frequências.

Entre os padrões para redes WIFI abordados no Capítulo 2, os três mais utilizados são:

IEEE 802.11b: opera na frequência de 2,4GHz; possui velocidade máxima de 11Mbps.

> **» ATENÇÃO**
> Os equipamentos que recebem o sinal WIFI, como *laptops e tablets*, devem ser compatíveis com a mesma tecnologia disponibilizada pelo *access point*, pois também são equipamentos transmissores.

> **ATENÇÃO**
> A frequência de 2,4GHz é a mesma utilizada por telefones sem fio e fornos de micro-ondas, o que pode interferir na qualidade de seu sinal *wireless*.

IEEE 802.11g: também opera na frequência de 2,4GHz, mas possui uma velocidade de 54Mpbs. Vale ressaltar que a velocidade degrada de acordo com a distância e à medida que mais computadores se conectam no mesmo *access point*.

IEEE 802.11n: padrão (desenvolvido em 2007) que permite que a velocidade chegue até 600Mbps; pode operar nas frequências de 2,4GHz e/ou 5GHz.

Existem *access points* que funcionam concomitantemente com os três padrões, permitindo que diferentes dispositivos se conectem à rede WIFI. Com relação ao alcance, vai depender da potência em que o sinal WIFI é transmitido, medida em mW (miliwatts).

>> **CURIOSIDADE**

1 mW corresponde a 10^{-3} W.

Com relação às diferentes formas de segurança para as redes WiFI, destacam-se (veja mais detalhes no Cap. 2, pág. 40):

WEP (*Wired Equivalent Privacy*): padrão criado em 1999, em que a senha de proteção do usuário pode ser facilmente descoberta. Isso acontece devido ao pequeno tamanho, de 40 bits, de sua chave de criptográfica.

WPA (*WiFi Protected Access*): padrão de segurança que funciona com chaves temporais, que se modificam de tempos em tempos, com tamanho de 128 bits, o que garante maior proteção quanto à invasão da rede sem fio. Com o WPA, também foi disponibilizada a autenticação por usuário, através do EAP (*Extensible Authentication Protocol*), o qual permite que o *access point* consulte uma base de usuários/senhas na rede antes de fornecer acesso ao dispositivo que pretende entrar na rede *wireless*.

WPA2 (*Advanced Encryption System*): uma evolução do padrão WPA, com chave criptográfica de 256 bits e algoritmo de criptografia AES que agrega maior segurança contra possíveis invasões.

Router

Diferentemente dos hubs, switches e *access points* que atuam na camada de enlace, os **routers** (roteadores) atuam sobre a camada de rede, isto é, sobre a camada IP. Outra característica importante dos roteadores é a possibilidade de trabalhar com diferentes protocolos de camada de enlace, transformando um quadro do padrão Frame Relay para Ethernet, ou do ATM para o MPLS (abordados no Cap. 5), entre outros.

Em um ambiente doméstico, quando necessitamos disponibilizar acesso à Internet, necessitamos de um roteador, que disponibiliza, além de endereços IP para nossa rede local, a transformação do quadro do padrão ADSL para o Ethernet.

Esse mesmo princípio é utilizado em maior escala em redes corporativas, em que há a necessidade de interligar diferentes redes locais que utilizam o padrão Ethernet através dos canais de comunicação das operadoras de telefonia/Internet que utilizam protocolos WAN.

A maioria dos roteadores, com exceção dos domésticos, é modular, o que permite a inclusão de módulos de interfaces físicas de acordo com a necessidade e o crescimento da rede. Assim como no caso do switch, para a escolha de um roteador é necessário comparar a capacidade e as funcionalidades. Atentar, principalmente, para:

- Os protocolos suportados e necessários para a estrutura da rede, que podem ser OSPF, BGP, IPv4, IPv6, etc.
- A quantidade de memória, pois cada protocolo habilitado no roteador consome de acordo com o tamanho das informações armazenadas, como rotas e regras de encaminhamento.
- As funcionalidades, como NAT, *link aggregation*, VLAN, DHCP, etc.

Funcionamento de VLANs

O conceito de Virtual LAN permite a existência de diferentes redes virtuais em um único switch ou roteador, ou até mesmo o transporte dessas redes virtuais por toda a rede local, passando por diferentes equipamentos.

Para que isso fosse possível, o quadro Ethernet (abordado do Cap. 2) foi acrescido de 4 bytes, seguindo a especificação IEEE 802.1Q. Nesses 4 bytes, foi inserido o TAG de VLAN, que possui o identificador da VLAN – chamado de VLAN ID –, que se refere ao número da VLAN a que o quadro Ethernet pertence.

Na especificação 802.1Q, a VLAN ID pode variar entre 1 e 4094, sendo que todo o switch que tem o suporte à VLAN habilitado coloca suas portas físicas na VLAN 1. Assim, todos os equipamentos conectados nesse switch estão, por padrão, na mesma rede. No momento em que se altera a VLAN ID de uma porta do switch, ela passa a se conectar apenas com as portas que possuem o mesmo VLAN ID. Para entender melhor as possibilidades de uso das VLANs, vamos utilizar o estudo de caso apresentado na Figura 4.5.

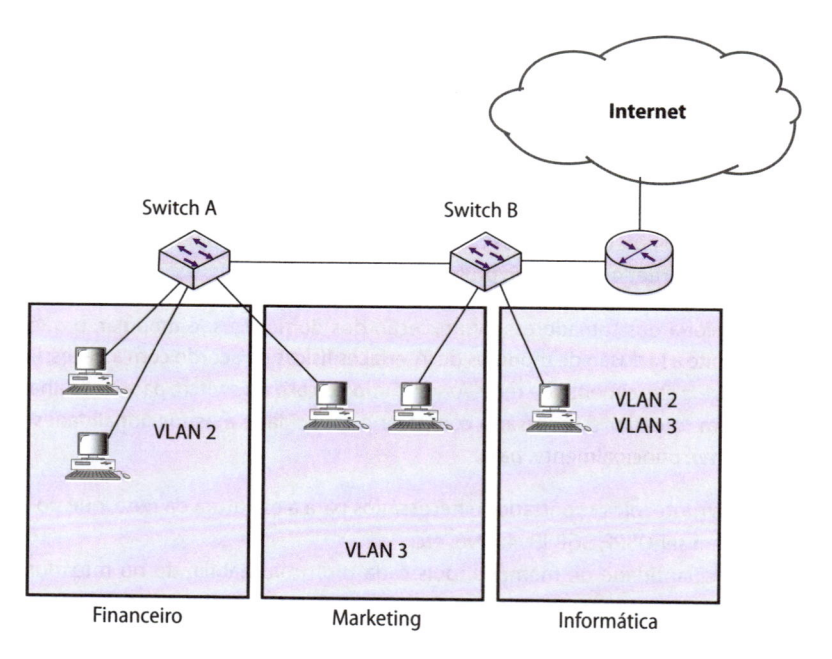

Figura 4.5 Estudo de caso de uso de VLANs.
Fonte: dos autores.

A referida estrutura possui três departamentos. Por questão de segurança, os computadores do departamento de Marketing não devem estar na mesma rede que os computadores do Financeiro. Assim, foram criadas duas VLANs distintas: a VLAN de número 2 para o Financeiro e a VLAN 3 para o Marketing. Entretanto, o departamento de Informática da empresa possui um computador para realizar suporte remoto aos dois departamentos, o qual necessita de acesso as duas VLANs concomitantemente.

Para implementar a referia estrutura, necessitamos configurar duas portas do Switch A na VLAN 2 para o Financeiro e uma porta na VLAN3 para o Marketing (Quadro 4.1). Contudo, a porta que interliga o Switch A ao Switch B necessita transportar as duas VLANs pelo mesmo cabo. Nessa situação, devemos configurar as portas que interligam os dois Switches em modo TRUNK (tronco), em que os quadros ethernet utilizam o padrão IEEE 802.1Q. Na Interligação das estações de trabalho do Financeiro e do Marketing, as portas do switch são configuradas em modo ACCESS (acesso); assim os computadores não necessitam saber que estão trabalhando com VLAN, pois o quadro Ethernet não é alterado.

Quadro 4.1 » Exemplo de configuração do Switch A: sintaxe dos equipamentos do fabricante Cisco

```
interface FastEthernet 1              interface FastEthernet 3
 description PC1-Financeiro            description PC1-Marketing
 switchport mode access                switchport mode access
 switchport access vlan 2              switchport access vlan 3

interface FastEthernet 2              interface FastEthernet 24
 description PC2-Financeiro            description Conexao Switch A - B
 switchport mode access                switchport trunk encapsulation dot1q
 switchport access vlan 2              switchport mode trunk
                                       switchport trunk allowed vlan 2,3
```

No Switch B existe uma porta configurada na VLAN 3 em modo ACCESS, uma porta configurada em modo TRUNK até o roteador e outra configurada em modo TRUNK para o departamento de Informática (Quadro 4.2).

Quadro 4.2 » Exemplo de configuração do Switch B: sintaxe dos equipamentos do fabricante Cisco

```
interface FastEthernet 1              interface FastEthernet 23
 description PC2-Marketing             description Conexao Switch B - A
 switchport mode access                switchport trunk encapsulation dot1q
 switchport access vlan 3              switchport mode trunk
                                       switchport trunk allowed vlan 2,3

interface FastEthernet 2              interface FastEthernet 24
 description Conexao PC1-Informatica   description Conexao Switch B - Router
 switchport trunk encapsulation dot1q  switchport trunk encapsulation dot1q
 switchport mode trunk                 switchport mode trunk
 switchport trunk allowed vlan 2,3     switchport trunk allowed vlan 2,3
```

A estação de trabalho do Departamento de Informática receberá os quadros Ethernet contendo o TAG de VLAN. Para acessar a rede e se comunicar com os computadores do Marketing e do Financeiro, deverão ser configuradas duas interfaces de redes virtuais, uma para o TAG 2 e outra para o TAG 3. Veja no Quadro 4.3 um exemplo de configuração do arquivo /etc/network/interfaces do Ubuntu (Debian), em que, na placa de rede eth0, estão configuradas as VLANs 2 e 3.

> » **DICA**
> Antes de alterar o arquivo, execute: apt-get install vlan.

Quadro 4.3 » Exemplo de uso de VLANs no Linux Ubuntu (Debian)

```
auto vlan2
 iface vlan2 inet static
 address xxx.xxx.xxx.xxx
 netmask xxx.xxx.xxx.xxx
 mtu 1500
 vlan_raw_device eth0
auto vlan3
 iface vlan3 inet static
 address xxx.xxx.xxx.xxx
 netmask xxx.xxx.xxx.xxx
 mtu 1500
 vlan_raw_device eth0
```

> » **ATENÇÃO**
> No sistema operacional Windows, o recurso de criação de VLAN é fornecido pelo fabricante da placa de rede, não pelo sistema operacional, como no Linux. Dessa forma, nem todas as placas de rede têm suporte para trabalhar com VLAN no Windows — esse recurso acaba sendo limitado a placas de redes utilizadas em servidores de rede.

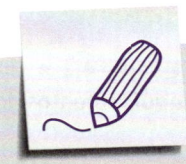

» Agora é a sua vez!

1. Quais são os equipamentos necessários para interligar duas redes de computadores distantes, em que cada uma possui 47 estações de trabalhos e 5 *laptops*?
2. Liste as diferenças entre hubs, switches, *access point* e *router*.
3. Quais são as principais características dos switches?
4. Qual o padrão de rede WiFi que chega à velocidade de 600Mbps. Qual é sua desvantagem?
5. Descreva o funcionamento das VLANs.

capítulo 5

Enlaces remotos

Como visto no Capítulo 1, o nível de enlace controla o acesso e identifica os problemas ocorridos durante a transmissão dos sinais entre dois equipamentos conectados. Neste capítulo, serão aprofundados os conceitos apresentados anteriormente por meio do estudo de três protocolos: Frame Relay, ATM e MPLS.

Objetivos de aprendizagem

» Reconhecer os principais conceitos relativos aos protocolos Frame Relay, ATM e MPLS.
» Identificar o funcionamento desses protocolos.

❯❯ Introdução

Os **enlaces remotos** ou **WAN** (*Wide Area Networks*) são responsáveis pela comunicação de dados a longas distâncias. Esses enlaces são utilizados principalmente para interligação de redes locais remotas por meio da criação de circuitos virtuais. Os circuitos virtuais são estabelecidos utilizando-se um conjunto de switches interligados. Isso significa, que nessa estrutura, não existe a necessidade de roteamento, ficando o encaminhamento dos pacotes a cargo dos switches (*layer* 2). Nesses circuitos, as conexões físicas são estabelecidas ponto a ponto entre os switches, formando uma nuvem de conexão.

❯❯ Frame Relay

O protocolo **Frame Relay** foi criado com o objetivo de fornecer um enlace de longa distância operando exclusivamente no *layer* 2, com baixo *overhead* (volume de bits de controle em relação aos bits de dados), controle de qualidade de serviço e controle de estabilidade da rede.

O Frame Relay foi criado como uma proposta ao protocolo X.25 na década de 1980, sendo padronizado na década de 1990. A evolução da robustez dos equipamentos de redes, os quais apresentavam – e ainda apresentam – baixas taxas de erros, tornou o controle de erros e de fluxo do protocolo X.25 muito custoso para a rede. Esses controles adicionavam um *overhead* desnecessário. Além disso, o X.25 realiza roteamento de pacotes (*layer* 3), o que também aumenta o custo de processamento e o tempo de transmissão nos elementos intermediários.

O enlace Frame Relay é formado por um conjunto de switches interligados. Cada ligação física entre um par de switches possui uma ou mais ligações lógicas, cada qual com um identificador único. Um circuito virtual é formado por um conjunto de ligações lógicas que une os destinos do circuito.

A Figura 5.1 apresenta a estrutura de um quadro Frame Relay.

> **❯❯ DEFINIÇÃO**
> O valor de identificação de uma conexão lógica é denominado **DLCI** (*Data-Link Connection Identifier*).

8 bits	16 bits						tamanho variável	16 bits	8 bits
01111110	DLCI (parte 1)	C/R	EA	DLCI (parte 2)	BECN	FECN	DE	EA	DADOS	FCS	01111110
FLAGS	ADDRESS								FLAGS

Figura 5.1 Quadro Frame Relay.
Fonte: dos autores.

O primeiro e último campos (*flags*) são os delimitadores padrão de um quadro Frame Relay. Esses campos têm sempre o mesmo valor: 01111110. O campo **Address** é formado por:

- Bits 1-6: valor do DLCI (bits iniciais 1-6).
- Bit 7: C/R (*command/response*) – indica se o quadro é de comando ou de resposta a um comando.
- Bit 8: EA (*Extended Address*) – possui valor 1, caso o DLCI seja composto por 6 bits, ou valor 0, caso o DLCI seja maior.
- Bits 9-12: continuação do valor de DLCI (bits 7-10) caso o campo EA anterior seja = 0.
- Bit 13: FECN (*Forward Explicit Congestion Notification*) – controle de congestionamento.
- Bit 14: BECN (*Backwards Explicit Congestion Notification*) – controle de congestionamento.
- Bit 15: DE (*Discard Eligibility*) – controle de congestionamento.
- Bit 16: EA – possui valor 1 caso o DLCI seja composto por 10 bits ou valor 0 caso o DLCI seja maior.

> **» DICA**
> Atualmente, utiliza-se DLCI de 10 bits, ou seja, O bit 16 terá o valor 1.

O tamanho do campo de dados é variável, sendo que o quadro possui tamanho máximo de 16KB. Por fim, o campo de FCS (*Frame Check Sequence*) possui o cálculo de verificação de integridade utilizado pelo destino para detectar quadros com erros de transmissão.

Através do DLCI, os switches montam o circuito virtual, encaminhando o quadro para a saída correta. Na prática, as redes WAN Frame Relay interligam redes locais remotas através de circuitos virtuais permanentes – configurados manualmente pelo prestador de serviços.

A Figura 5.2 apresenta um exemplo de ligação entre duas localidades remotas através de uma rede Frame Relay.

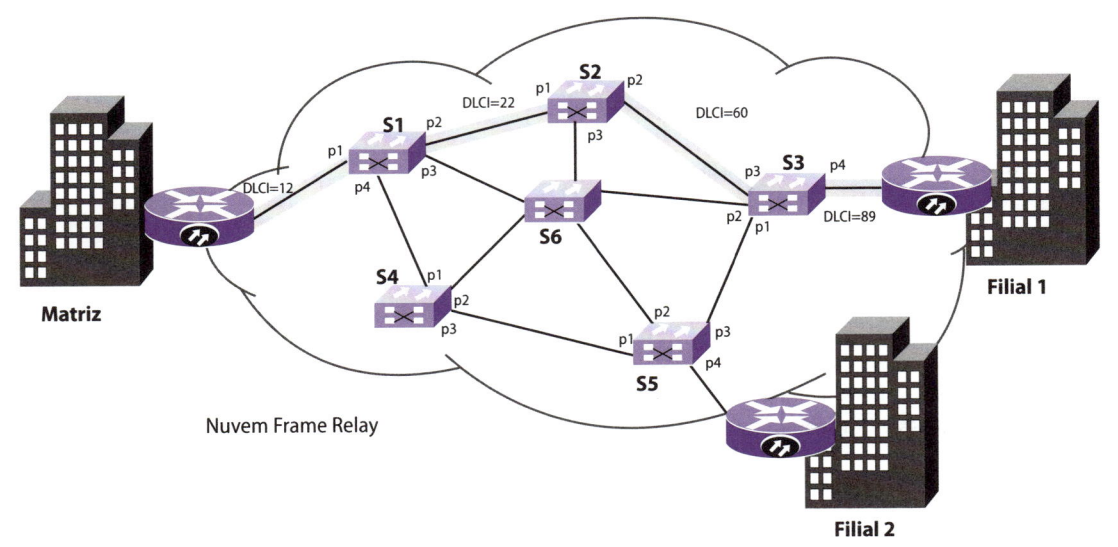

Figura 5.2 Exemplo de enlace Frame Relay.
Fonte: dos autores.

Analisando a Figura 5.2, na ligação entre Matriz e Filial 1, podemos ver a criação de 4 links lógicos para a criação do circuito virtual. Para encaminhar os pacotes até a Filial 1, o roteador da Matriz é configurado de forma a enviar os quadros Frame Relay com DLCI = 12.

O switch S1, por sua vez, é configurado (manualmente pelo prestador de serviços) com a seguinte regra: caso receba quadros com DLCI = 12 na interface p1, deverá os encaminhar para a saída p2, alterando o valor da DLCI para 22.

O switch S2, quando recebe quadros com DLCI = 22 na interface p1, deve encaminhá-los para a interface p2 com DLCI = 60. O switch S3, ao receber quadros com DLCI = 60, na interface p3, os encaminha para a interface p4 com DLCI = 89.

Finalmente, os quadros chegam ao roteador destino que os entrega na rede local da Filial 1. A visão dos usuários da rede é a da ligação direta entre o roteador da Matriz com o roteador da Filial 1.

As regras necessárias para que, utilizando a estrutura apresentada na Figura 5.2, crie-se um circuito virtual entre Matriz e Filial 2 são:

- O roteador da Matriz deverá configurar os quadros destinados à Filial 2 com DLCI = 13 (p. ex.).
- O switch S1, ao receber quadros com DLCI = 13 na interface p1, os encaminha para a interface p4 com DLCI = 13. A alteração do valor do DLCI é opcional entre os switches, sendo uma questão de organização dos circuitos virtuais pela prestadora de serviços.

- S4, ao receber quadros DLCI = 13 em p1, encaminha para p3 com DLCI = 13.
- S5, ao receber quadros DLCI = 13 em p1, encaminha para p4 com DLCI = 13.
- Os quadros chegam ao destino.

Os enlaces Frame Relay não realizam roteamento e, como os circuitos são permanentes e fixos, caso ocorra um erro no switch S4, o circuito será perdido até que, manualmente, seja criado um novo caminho, ou S4 volte a funcionar.

Além do aumento de desempenho da comutação utilizada nos enlaces WAN sobre o roteamento, os circuitos virtuais também possuem técnicas de controle de congestionamento e manutenção da estabilidade da rede.

Imagine que o switch S2 da Figura 5.2 identifique um congestionamento devido ao recebimento de quadros de enlace em sua interface p1 em uma velocidade maior que sua capacidade de entregá-los à saída p2 (fluxo fora das especificações do circuito, como veremos a seguir). Ao identificar essa situação, o switch atribui o valor 1 ao bit **FECN** (conforme o campo Address da Figura 5.1) a todos os quadros desse circuito recebidos em p1 e direcionados para p2.

Quando o switch S3 recebe um quadro com FECN habilitado (FECN = 1) identifica que existe um congestionamento na direção contrária (interface p3 do switch S3). A utilização do FECN serve para notificar o destinatário que determinado fluxo de dados está passando por uma situação de congestionamento.

Os quadros no sentido contrário ao congestionamento, nesse exemplo saindo pela interface p1 de S2, são marcados com **BECN** igual a 1, ou seja, S1 saberá que está enviando quadros acima da capacidade de S2.

Assim, os bits FECN e BECN servem para notificar ambas as pontas (origem e destino de um fluxo de dados) que o circuito está sofrendo congestionamento. Para que a rede mantenha-se estável, é necessário que quadros de enlace sejam descartados, diminuindo o fluxo causador do congestionamento.

As redes Frame Relay possuem uma classificação de prioridade de quadros de dois níveis. Esses níveis são controlados pelo bit **Discard Eligibility**, ou DE (Figura 5.1, campo Address). Todos os quadros que possuem o bit DE = 1 são considerados descartáveis para a rede. Esses quadros são entregues normalmente até que ocorra uma situação de congestionamento. Quando um switch é notificado que está causando um congestionamento (o switch S1, no exemplo anterior, está entregando um fluxo de quadros para S2 acima de sua capacidade), irá descartar os quadros DE = 1, diminuindo esse fluxo.

>> **ATENÇÃO**
O controle de congestionamento em redes Frame Relay é realizado por meio da detecção do congestionamento e da propagação dessa informação na rede.

>> **IMPORTANTE**
Em uma situação de congestionamento, a única maneira de contorná-lo é por meio da diminuição do fluxo de quadros que chegam ao switch. Os únicos elementos capazes de diminuir esse fluxo são seus switches vizinhos.

>> **DICA**
O bit BECN tem por finalidade notificar à origem de um fluxo de dados que está causando o congestionamento.

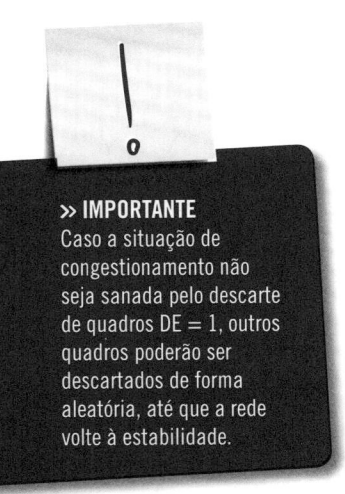

A classificação e marcação dos quadros descartáveis (DE = 1) é feita de acordo com os valores de garantia de banda do link Frame Relay. Sempre que contratamos um link desse tipo, são passados valores de:

- CIR (*Commited Information Rate*).
- EIR (*Excess Information Rate*)
- PIR (*Peak Information Rate*).

O **CIR** define a vazão garantida pelo provedor do serviço entre origem e o destino do circuito em bps (bits por segundo). A rede é configurada de forma a nunca ficar abaixo dessa taxa. A operadora também informa que, em situações de normalidade da rede, o circuito conseguirá absorver uma vazão ainda maior, porém não garantida. Essa vazão é expressa como **EIR**, também em bps. A soma da CIR com a EIR nos dá o valor total da capacidade do circuito em situações normais: a **PIR** em bps.

> **» IMPORTANTE**
> Caso a situação de congestionamento não seja sanada pelo descarte de quadros DE = 1, outros quadros poderão ser descartados de forma aleatória, até que a rede volte à estabilidade.

» EXEMPLO

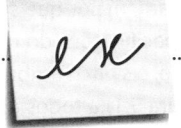

Imagine um link Frame Relay com banda garantida CIR de 256Kbps e vazão de 64Kbps como EIR. O link, em situações normais, terá PIR = 320Kbps. Em caso de congestionamento, o link terá sempre a garantia dos 256Kbps e nunca irá operar abaixo dessa taxa.

Sempre que um fluxo de dados excede o CIR, todos os quadros acima desse limite são marcados como descartáveis (DE = 1). Todos os quadros acima do PIR são descartados automaticamente e não entram no circuito. A Figura 5.3 apresenta um gráfico com CIR, EIR e PIR.

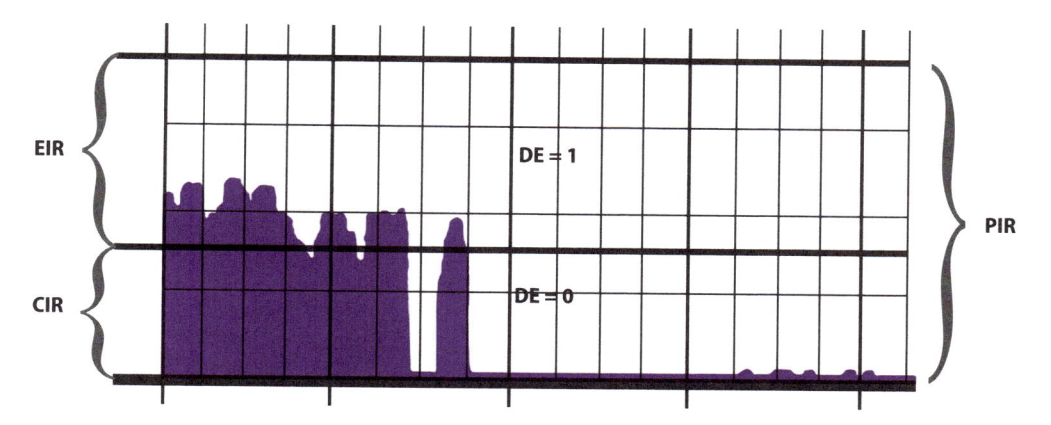

Figura 5.3 Exemplo de classificação de tráfego em enlace Frame Relay.
Fonte: dos autores.

Sempre que houver uma situação de congestionamento, os quadros marcados com DE = 1 que estão sendo transmitidos no sentido do congestionamento serão descartados. Com esse procedimento, a rede Frame Relay pode garantir qualidade de serviço do circuito e se manter estável.

É comum a ligação entre redes remotas por meio da criação de links WAN virtuais, utilizando a Internet e VPNs (*Virtual Private Networks*). A utilização de VPNs para esse tipo de ligação pode ser mais econômica, uma vez que dispõe do link de Internet já existente, porém nunca possuirá as mesmas garantias de qualidade de serviço de um link WAN dedicado. Lembre-se disso sempre que você se deparar com uma aplicação que possua restrições de qualidade de serviço e calcule o custo/benefício de cada opção de ligação.

> **» IMPORTANTE**
> O provedor do serviço nunca deve fornecer um CIR que não possa ser mantido pela estrutura da rede.

» ATM

As redes **ATM** (*Asynchronous Transfer Mode*) têm basicamente os mesmos objetivos e forma de funcionamento das redes Frame Relay. A grande diferença entre elas é a forma como tratam os diferentes tipos de aplicação que utilizam as conexões. Enquanto as redes Frame Relay possuem quadros de dados de até 16Kb para o transporte de qualquer tipo de aplicação, sem diferenciação, as redes ATM possuem quadros de apenas 53 bytes, denominados células, diferenciados conforme o tipo de dados que transportam dentro de um mesmo circuito.

O motivo da utilização de células tão pequenas e diferenciadas está no fato de que o protocolo ATM foi concebido para estar de acordo com o conceito de convergência, ou seja, transporte de dados, voz e vídeo em um mesmo circuito. Esses dados possuem necessidades de qualidade de serviço diferentes e, mesmo estando dentro do mesmo circuito virtual, devem ser tratados de forma diferente pelos switches.

Um circuito ATM é identificado por dois valores: **VPI** (*Virtual Path Identifier*) e **VCI** (*Virtual Circuit Identifier*). A Figura 5.4 apresenta a estrutura de identificação de um caminho (*path*) e circuito dentro de um canal físico que conecta dois switches.

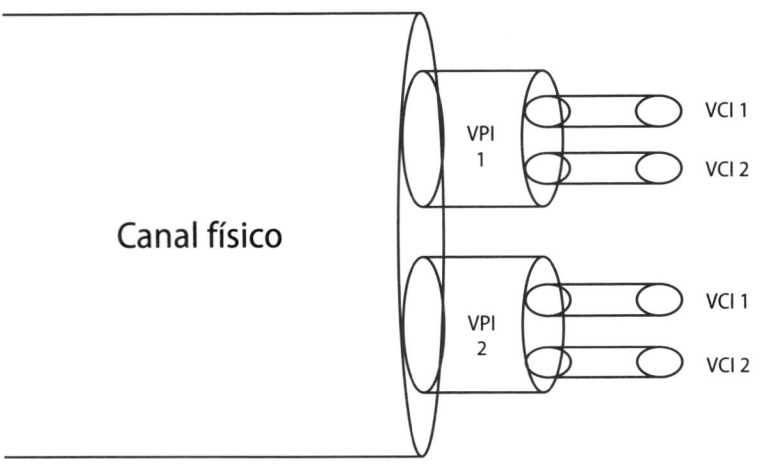

Figura 5.4 Identificação de um circuito utilizando VPI e VCI em um enlace ATM.
Fonte: dos autores.

A união dos valores de VPI e VCI em uma rede ATM equivale ao valor de DLCI das redes Frame Relay. Da mesma forma que nas redes Frame Relay, os valores de identificação do link podem ser alterados entre switches – tanto o VPI quanto o VCI nas redes ATM.

A Figura 5.5 apresenta uma nuvem ATM conectando, através de switches ATM, uma rede Matriz na Filial 1.

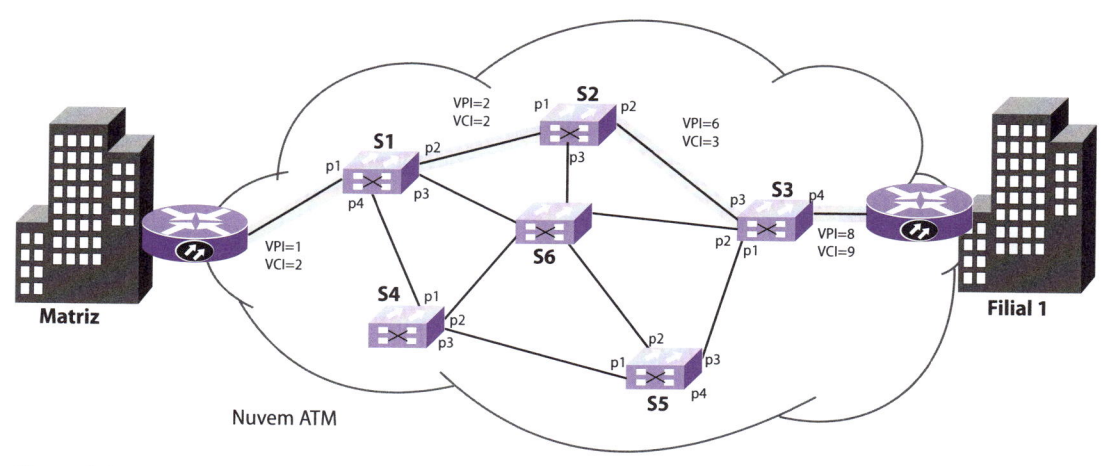

Figura 5.5 Exemplo de circuito ATM.
Fonte: dos autores.

Os 53 bytes da célula ATM são divididos em 5 bytes para o cabeçalho e 48 bytes de dados. Ao receber os quadros do enlace local, eles são divididos em células para o transporte na rede ATM e remontados no roteador da rede local destino.

Existem dois formatos de cabeçalho para as células: **UNI** (*User-Network Interface*) e **NNI** (*Network-Network Interface*). A Figura 5.6 apresenta os dois formatos.

Célula UNI

GFC	VPI	VCI	PT	CLP	HEC

Célula NNI

VPI	VCI	PT	CLP	HEC

Figura 5.6 Cabeçalhos ATM.
Fonte: dos autores.

Os campos do cabeçalho UNI são os seguintes:

- GFC (*Generic Flow Control* – 4 bits): criado com o objetivo de permitir que múltiplos terminais compartilhem uma mesma conexão de rede (submultiplexação). Esse campo não é utilizado na prática, e os possíveis valores nunca foram padronizados. Possui sempre o valor 0000.
- VPI (*Virtual Path Identifier* – 8 bits): possui a identificação do caminho a ser utilizado pelo fluxo de dados.
- VCI (*Virtual Circuit Identifier* – 16 bits): identifica o circuito virtual dentro de um caminho (VPI).

- PT (*Payload Type* – 3 bits): identifica o tipo de dado que está sendo transmitido. O primeiro bit indica que 0 = dados de usuário e 1 = dados de controle. O segundo bit indica uma situação de congestionamento (similar ao Frame Relay, porém sem diferenciar a direção do tráfego). O terceiro bit é utilizado em fluxos AAL 5 para indicar o final de uma série de células.
- CLP (*Cell Loss Priority* – 1 bit): indica uma célula descartável, sendo equivalente ao DE do Frame Relay.
- HEC (*Header Error Control* – 8 bits): realiza a verificação de erros para o cabeçalho. As redes ATM não verificam erros de dados, apenas do cabeçalho.

As células com cabeçalho UNI são utilizadas entre o roteador da rede local (Matriz, na Fig. 5.5) e o primeiro switch (S1). Entre os switches, é utilizado o cabeçalho NNI, ou seja, o cabeçalho UNI é convertido para NNI em S1 no exemplo apresentado.

O padrão ATM é dividido em três camadas, conforme o Quadro 5.1.

> **» IMPORTANTE**
> As diferenças entre o cabeçalho UNI e NNI são a existência do campo GFC nas células UNI e a ocupação dos bits de GFC para aumentar o tamanho do campo VPI nas células NNI.

Quadro 5.1 » Camadas do padrão ATM

Camada física	Responsável pela representação dos bits no meio físico.
Camada ATM	Responsável pelas ações de enlace, como gerência de circuitos, controle de VPI e VCI e passagem de células.
Camada AAL (*ATM Adaptation Layer*)	Responsável por oferecer transparência quanto ao funcionamento do ATM para as camadas superiores por meio da segmentação de datagramas em células e classificação dos dados.

Para realizar a classificação dos dados, a camada AAL utiliza até 4 bytes da área de dados (*payload* da célula), restando 44 bytes para dados. As células são classificadas de acordo com o Quadro 5.2.

Quadro 5.2 » Classificação das células AAL

AAL 1	Pertencem a um circuito que necessita de uma taxa constante de fluxo de dados entre origem e destino. Esse tipo de conexão é definido como CBR (*Constant Bit Rate*) e utilizado para transporte de voz e vídeo com garantia de qualidade de serviço. Em conexões com CBR, caso não existam dados a serem transmitidos em um determinado momento, ou no caso da perda de células, são criadas células vazias (*dummy payload*) para que o fluxo permaneça constante.

Quadro 5.2 » Classificação das células AAL

AAL 2	Fazem parte de um circuito com necessidades de qualidade de serviço, porém sem a utilização de taxas constantes de fluxo. Esse tipo de conexão é definido como VBR (Variable Bit Rate) e utilizado para transporte de voz e vídeo que utilizam algoritmos de compressão, permitindo o tráfego de dados em rajadas com VBR.
AAL 3/4	Suportam tráfego com VBR com ou sem estabelecimento de conexão. Ao contrário do AAL 1 e do AAL 2, aceita variações no atraso (*delay*) da entrega de células.
AAL 5	Aceita variações no atraso da entrega de pacotes e tráfego com e sem estabelecimento de conexões. Essa classe é utilizada para transporte de datagramas IP sobre ATM e é uma simplificação da AAL 3/4.

> **» DICA**
> As aplicações de VoIP, por exemplo, utilizam AAL 5, da mesma forma que os vídeos com alta variação de taxa de transmissão, como mpeg.

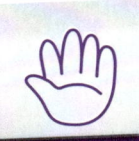

Na prática, para transmitir vídeo e voz com taxas constantes, utiliza-se AAL 1. Se essas mesmas aplicações suportam alguma variação na taxa de transmissão, utiliza-se AAL 2. Caso a transmissão envolva dados, utiliza-se AAL 5.

A qualidade de serviço dentro da rede ATM é garantida por meio de mecanismos de gerência e controle similares aos das redes Frame Relay. Da mesma forma que as redes Frame Relay, as redes ATM também definem um limite de banda máxima garantida no circuito no momento da contratação com o prestador de serviço. Células acima desse limite são marcadas como descartáveis através do bit CLP do cabeçalho ATM.

> **» ATENÇÃO**
> Em situações de congestionamento da rede, as células CLP = 1 serão descartadas, mantendo a estabilidade da rede.

» MPLS

Analisando as redes Frame Relay e ATM, observamos que a forma de funcionamento delas é muito similar, variando apenas na forma como lidam com o tráfego para garantias de qualidade de serviço. Enquanto o Frame Relay trata os quadros de maneira idêntica, o ATM diferencia as células de acordo com uma classificação de AAL.

Do ponto de vista do prestador de serviços, caso deseje oferecer ambas as tecnologias, terá que possuir uma nuvem de switches FR e outra de ATM. Além disso, deverá ter outro conjunto de equipamentos para oferecer acesso à Internet em uma nuvem de roteadores.

Em relação à Internet, na prática, notamos que os datagramas quase sempre seguem o mesmo caminho na nuvem do prestador de serviços. Esse cami-

> **» DICA**
> As redes ATM não possuem controle de fluxo e erros, assim como as redes Frame Relay.

nho poderia ser substituído por um circuito virtual, o que acarretaria um ganho de desempenho, já que não seria mais necessário realizar o roteamento.

A necessidade de um grande volume de equipamentos para a oferta de serviços bastante similares, da confiabilidade nos equipamentos, do aumento do uso da Internet e da possibilidade de construção de circuitos para tráfego IP dentro dos *backbones* motivou a criação de uma nova tecnologia de comutação que suportasse todas as demais em uma nuvem única.

A ideia do **MPLS** (*Multiprotocol Label Switching*) é a de utilizar equipamentos MPLS para o transporte de qualquer tecnologia de enlace em circuitos virtuais, contando com regras de qualidade de serviço de acordo com a aplicação que está gerando e consumindo os dados.

O MPLS funciona da seguinte maneira:

- Na borda da rede MPLS, existe um equipamento denominado Edge LSR (*Label Switch Router*). Esse equipamento é responsável pela adição de um *label* (rótulo) no quadro que será transportado na nuvem MPLS e pela retirada do mesmo ao sair da nuvem. O Edge LSR compatibiliza tecnologias de enlace com o MPLS.
- Cabe ao Edge LSR a definição da rota a ser seguida por um quadro, ou seja, a realização do roteamento do pacote e a identificação do circuito pelo qual o quadro deve ser transportado. No final desse circuito, existe outro Edge LSR que retirará o *label* e encaminhará o quadro para outra tecnologia de enlace.
- A nuvem é formada por dispositivos Core LSR responsáveis pelo transporte dos quadros de acordo com o *label*.
- Nas redes FR, o *label* equivale ao DLCI do quadro.
- Nas redes ATM, o *label* equivale ao VPI + VCI da célula.
- Nas redes Ethernet, um novo *label* é inserido no quadro de enlace (entre os cabeçalhos de enlace e rede). Esse processo é bastante similar à marcação de identificador de VLAN em um quadro de enlace.
- Qualquer tecnologia de enlace é suportada, sendo que a localização do *label* varia de acordo com a tecnologia do quadro (ou célula).

Os equipamentos MPLS estão localizados entre roteadores e aproveitam a troca de informações entre eles para a configuração de seus circuitos. A análise de dados de roteamento dinâmico, como os dados contidos em pacotes BGP (*Border Gateway Protocol*) trocados entre roteadores da Internet, pode servir de base para a criação de circuitos entre os equipamentos Edge LSR.

Devido a esse dinamismo na criação dos circuitos, existe a necessidade de troca de informações entre LSRs vizinhos. Essa troca de tabelas de *labels* é realizada utilizando-se o protocolo LDP (*Label Distribution Protocol*). Sempre que um LSR descobre um novo LSR vizinho, estabelece uma conexão TCP para a troca de tabelas e *labels* entre eles.

> **IMPORTANTE**
> Em cada dispositivo intermediário (switches), existe uma tabela denominada *Label Forwarding Information Base* indicando para onde devem ser encaminhados os quadros, de acordo com o *label*.

A utilização do MPLS para o transporte de datagramas IP, ou seja, de dados da Internet dentro da nuvem MPLS, baseia-se na criação de circuitos virtuais entre roteadores de borda. Com esses circuitos, as empresas prestadoras de serviço ganham desempenho na rede devido à comutação (como alternativa ao roteamento), e podem utilizar a mesma estrutura de equipamentos para outros serviços de comunicação. A mesma nuvem MPLS é utilizada para voz, vídeo, conexões privadas do tipo WAN e Internet ao mesmo tempo e com alto desempenho.

Agora é a sua vez!

1. Sintetize as principais características do Frame Relay.
2. Como é formado um circuito virtual?
3. Qual é o objetivo dos bits BCEN e FCEN?
4. Os valores de CIR, EIR e PIR estão relacionados a que quadros?
5. Qual é a principal diferença entre as redes Frame Relay e ATM?
6. Que valores identificam um circuito ATM?
7. Descreva o funcionamento do protocolo MPLS.
8. Discuta com seu colega se as seguintes afirmações são verdadeiras ou falsas e por quê.
    a. *As redes WAN Frame Relay interligam redes virtuais remotas através de circuitos permanentes.*
    b. *A união dos valores de VPI e VCI em uma rede ATM serve para o mesmo propósito do valor de DLCI das redes Frame Relay.*
    c. *UNI e NNI são formatos de cabeçalho utilizados nas redes Frame Relay.*

capítulo 6

Meios de comunicação

Quando falamos em comunicação entre componentes de rede, identificamos três elementos básicos necessários para que a troca de informações efetivamente ocorra. São eles: o transmissor, o receptor e o meio por onde a informação ou os dados trafegam. Neste capítulo, discutiremos os principais meios de comunicação utilizados atualmente e outros que já não são mais utilizados.

Objetivos de aprendizagem

>> Reconhecer a importância dos meios de comunicação disponíveis.
>> Identificar os meios de comunicação guiados (*wired*) e não guiados (*wireless*).
>> Diferenciar os diversos meios de comunicação e identificar suas funções.
>> Interpretar o funcionamento desses meios de comunicação.

>> Introdução

Parte fundamental na transmissão de dados, os **meios físicos** onde ocorrem a comunicação ou transmissão possuem diversas apresentações no mercado, para atender às mais variadas situações que envolvem rede de computadores.

Neste capítulo, abordaremos os meios de comunicação guiados e não guiados. No primeiro modelo ou estratégia, a transmissão ocorre pelo cabo, de forma segregada, dentro de um fio que pode ser metálico, constituído de cobre ou fibra óptica.

A segunda forma de transmissão de dados ocorre através do ar, por meio de difusão ou direcional. As soluções abordadas para a comunicação não guiada são ondas de rádio, micro-ondas e infravermelho.

Em todos os meios de comunicação entre componentes, além de diferentes materiais (cobre, fibra óptica, ar, etc.), também são utilizadas tecnologias distintas para a transmissão propriamente dita. Na transmissão por cobre, por exemplo, são os sinais elétricos; no caso das fibras ópticas, são sinais ópticos ou potência luminosa; na transmissão atmosférica ou pelo ar, são utilizadas ondas eletromagnéticas.

>> Meios guiados

Nos meios de comunicação guiados, a transmissão ocorre **via cabo**, por meio do emprego de duas tecnologias distintas: por cabo coaxial ou par trançado.

>> Cabeamento metálico: coaxial

O cabo condutor metálico do tipo **coaxial** é formado por um fio de cobre revestido de uma proteção plástica que funciona com dielétrico. Em seguida há uma camada de malha de cobre ou luva de alumínio utilizada como blindagem. Por fim, há uma capa física para proteção mecânica do cabo. A Figura 6.1 mostra um corte de uma seção transversal de um cabo coaxial.

Cabo coaxial

- Isolante
- Malha(s)
- Dielétrico
- Condutor

Figura 6.1 Estrutura interna do cabo coaxial.
Fonte: dos autores.

Funções e aplicações

Esse cabo possui uma grande versatilidade quanto ao seu uso e boa resistência a ruído e interferências. Pode ser utilizado como meio de comunicação em áudio, rede de computadores, rádio e TV, entre outros.

>> CURIOSIDADE

Até meados dos anos 90, o cabo coaxial era bastante popular entre os computadores. Contudo, devido à evolução do cabo de par trançado e da fibra óptica, esse cabo deixou de ser usado nas redes de computadores.

Apesar de ter sido o primeiro cabo utilizado em redes locais de computadores, a partir da revisão da norma de cabeamento estruturado ANSI/EIA/TIA 568-B, esse tipo de meio de comunicação deixou de ser indicado para novas instalações em rede, sobretudo em função de suas desvantagens, como mau contato em seus conectores e difícil manipulação de seus cabos. Porém, ainda é indicado, de acordo com a revisão ANSI/EIA/TIA 568-C, para aplicações banda larga (*broadband*), de TV a cabo (CATV) e de televisão via satélite, com cabo de impedância de 75 ohm.

Tipos de coaxiais

Esses tipos de cabos fazem parte do padrão Ethernet que posteriormente foi padronizado pelo IEEE (Institute of Electrical and Electronic Engineers) como IEEE 802.3. Apesar de não serem mais utilizados, ainda existem dois tipos de cabos coaxiais para uso em rede de computadores: **cabo coaxial fino** e o **cabo coaxial grosso**.

> **>> DEFINIÇÃO**
> **Impedância** é uma grandeza expressa em ohm que mede a resistência de um determinado material ou meio submetido ao fluxo de uma corrente elétrica em conjunto com uma tensão específica em seus terminadores.

Quadro 6.1 » **Diferenças entre cabos coaxial fino e coaxial grosso**

Característica	Coaxial fino	Coaxial grosso
Nomes alternativos	Cheapernet ou "Thin Ethernet"	Yellow Cable ou "Thick Ethernet"
Cabeamento padrão	10Base2	10Base5
Velocidade da banda base	10Mbps	10Mbps em banda larga
Segmento máximo	185m	500m
Formação de rede	Topologia em barra, conectado diretamente aos computadores	Conectado à placa de rede por um *transceiver*
Conectores	BNC tipo "T" (*Bayonet Neil Concelman*)	AUI (*Attachment Unit Interface*)
Configuração de rede local	Até 30 nós, separados por 0,5m	Até 100 nós, separados por 2,5m
Cabo	RG-58	RG-213 A/U
Impedância	50ohms	50ohms

A Figura 6.2 mostra exemplo de uma rede configurada com cabo coaxial fino, e a Figura 6.3, um exemplo de uma rede configurada com cabo coaxial grosso.

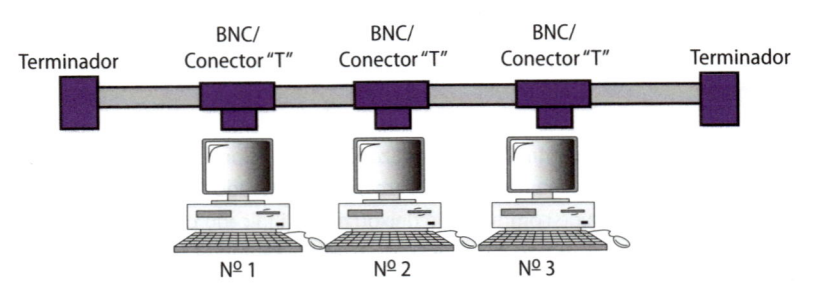

Figura 6.2 Rede coaxial fino.
Fonte: dos autores.

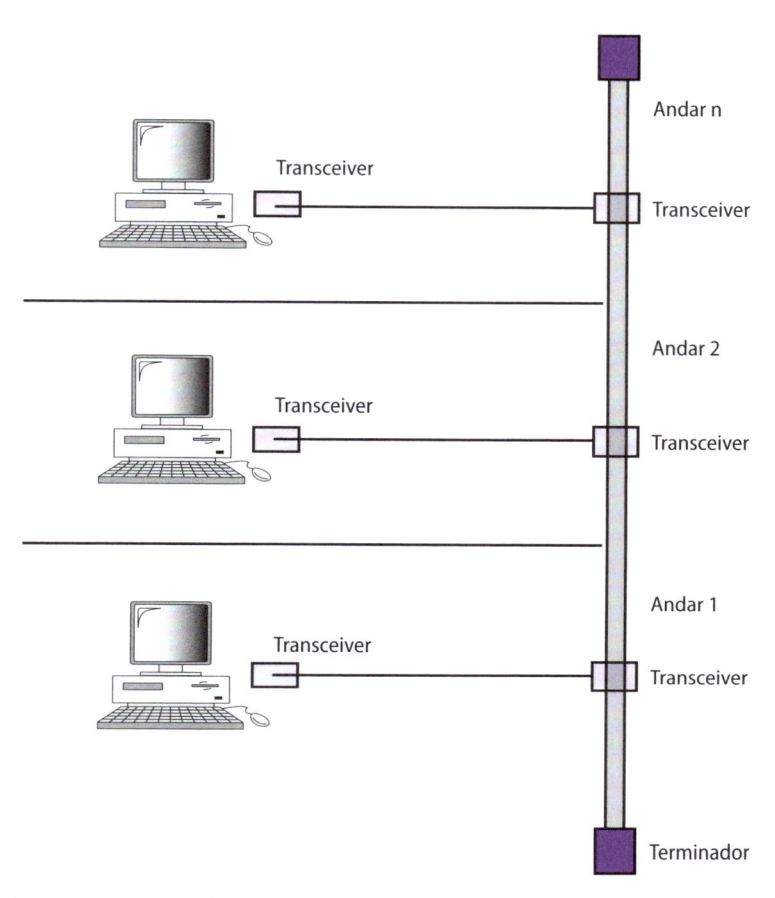

Figura 6.3 Rede coaxial grosso.
Fonte: dos autores.

» Cabeamento metálico: par trançado

O **cabo de par trançado** é formado por quatro pares de fios que são enrolados ou trançados em espiral, dois a dois, com o objetivo de criar uma blindagem natural entre os pares, o que mantêm constantes as propriedades elétricas ao longo de toda sua extensão. O objetivo dessa blindagem é reduzir ruídos e diafonia entre os pares.

Diafonia, também chamada de *crosstalk*, é um fenômeno popularmente conhecido como **ligação cruzada**. Acontece quando dois fios estão próximos o suficiente a ponto de haver uma interação, e parte do sinal de um fio passa para o outro (e vice-versa).

A blindagem se dá por meio da transmissão do mesmo sinal em cada fio de cada par com suas polaridades invertidas, causando assim a anulação do campo magnético entre eles. Por meio dessa técnica, tem-se observado que esse tipo de cabo tem suas capacidades de velocidade aumentada em muitas vezes ao longo do tempo.

A Figura 6.4 ilustra um típico cabo de par trançado, enquanto a Figura 6.5 ilustra a técnica que permite a anulação de campo magnético entre os fios de um par.

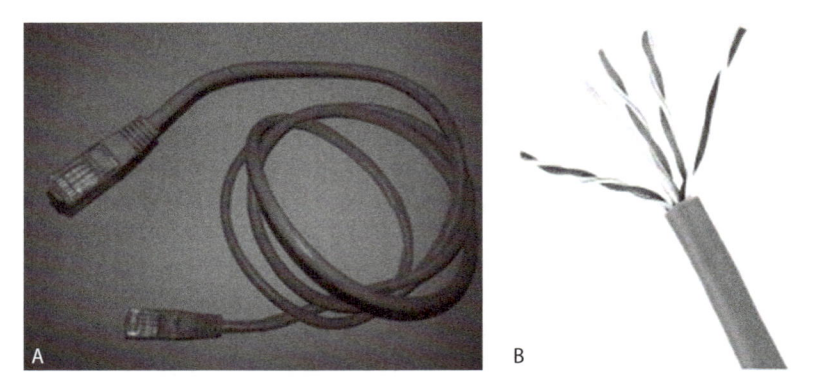

Figura 6.4 Típico cabo de par trançado.
Fonte: dos autores.

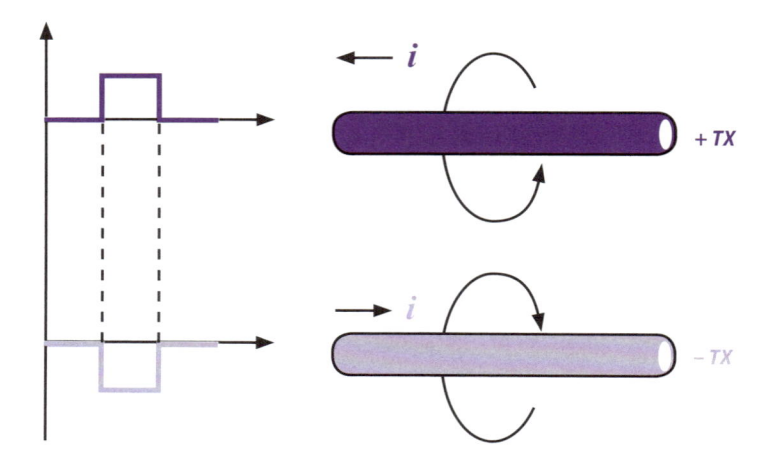

Figura 6.5 Anulação de campos magnéticos entre fios do mesmo par.
Fonte: dos autores.

Tanto a norma EIA/TIA 568-C quanto a ABNT NBR 14.565 certificam o cabo de par trançado (*twisted pair*) para o cabeamento estruturado. Essas normas serão utilizadas como referência posteriormente. Antes de atender a área de rede de computadores, esse tipo de cabo foi utilizado na área de telefonia analógica.

O cabo de par trançado é formado por quatro pares de fios, ver Figura 6.4B, e pode ser configurado pelos padrões T568-A e T568-B. Apesar de serem 4 pares (8 fios), apenas 2 pares (2 – par laranja; 3 – par verde) são utilizados nas transmissões até 100Mbps. Nas transmissões em Gigabit, todos os pares são utilizados. A Figura 6.6 mostra o uso dos pares 2 e 3 no padrão T568-A.

Outra característica importante desse cabo está relacionada à seção transversal ou bitola (diâmetro do condutor) de seus fios. Essa medida é padronizada pela AWG (*American Wire Gauge* – escala americana normalizada), que indica quantas vezes o fio deve ser processado para atingir sua bitola ou diâmetro final. O Quadro 6.2 mostra alguns exemplos de diâmetros AWG.

> **» IMPORTANTE**
> A troca de sinal, na diafonia, pode ocorrer tanto por efeito indutivo quanto capacitivo. A solução para esse problema é melhorar a blindagem entre os pares ou fios.

PAR	PINO	COR	FUNÇÃO	VELOCIDADE
3	1	Branco Verde	+ Tx	Até 100Mbps
3	2	Verde	– Tx	Até 100Mbps
2	3	Branco Laranja	+ Rx	Até 100Mbps
1	4	Azul	Sem uso	Sem uso
1	5	Branco Azul	Sem uso	Sem uso
2	6	Laranja	– Rx	Até 100Mbps
4	7	Branco Marrom	Sem uso	Sem uso
4	8	Marrom	Sem uso	Sem uso

Figura 6.6 Padrão T568-A.
Fonte: dos autores.

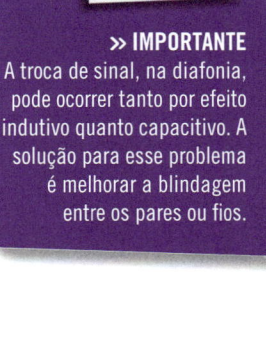

> **» ATENÇÃO**
> Quanto maior a seção transversal do fio, menor será a resistência do sinal transmitido. Por outro lado, o cabo se torna mais rígido.

Quadro 6.2 » Diâmetros AWG

AWG	Diâmetro Fio
19	0,9116
20	0,8118
21	0,723
22	0,6438
23	0,5733
24	0,5106
25	0,4547
26	0,4049

Classificação quanto à blindagem

Existem várias formas de classificação de um cabo de par trançado. Uma delas diz respeito à capacidade de transmissão de dados sem interferência externa ou interna. Assim, há diversos tipos de cabos com blindagens diferentes que atendem situações adversas. Apesar disso, o U/UTP é o mais comum e atende uma grande parte das soluções de redes em ambientes de escritórios.

As soluções com blindagem (S ou F) normalmente são utilizadas em ambientes industriais ou com grande nível de interferência eletromagnética. O Quadro 6.3 indica os tipos de cabos de par trançado.

Quadro 6.3 » Tipos de cabos de par trançado

Tipo	Descrição
U/UTP	Unshielded Twisted Pair
U/FTP	Foil Twisted Pair
S/FTP	Shielded Foil Twisted Pair
F/STP	Foil Shielded Twisted Pair
S/STP	Shielded STP

> ## **CURIOSIDADE**
>
> A nomenclatura do tipo do cabo de par trançado é formada por um padrão que representa sua blindagem. O formato é X/YYY, em que X identifica a blindagem do cabo em relação ao conjunto de seus pares e YYY representa a blindagem dos pares isoladamente.

A Figura 6.7 mostra um corte transversal de um cabo de par trançado.

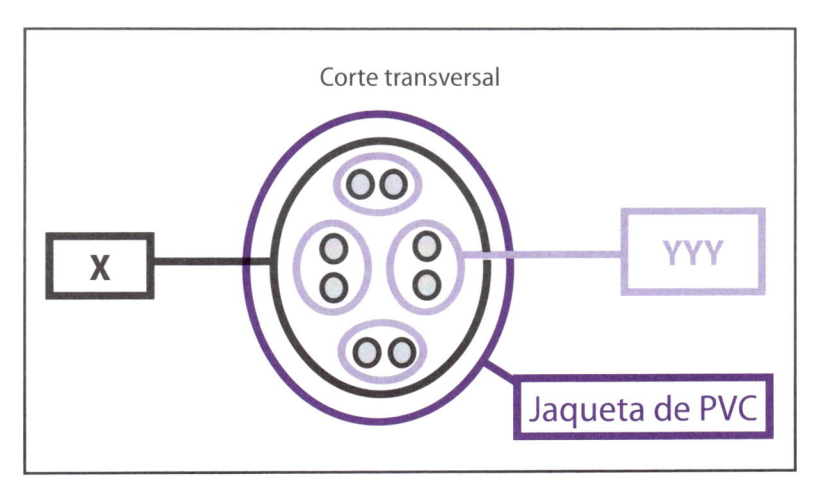

Figura 6.7 Blindagem do cabo de par trançado.
Fonte: dos autores.

Classificação quanto à categoria

A segunda forma de classificação dos cabos de pares trançados é quanto à sua categoria. Ao todo, são sete tipos, cada uma com suas características e especificidades. A numeração crescente das categorias (CAT) está relacionada com a evolução tecnológica do cabo.

Categoria 1 e 2 (CAT1 e CAT2):
- Utilizadas em instalações telefônicas.
- Inadequadas para transmissão de dados.
- Apresentam velocidade de até 9,6Kbps para CAT1 e 2,5Mbps para CAT2.
- Não são mais reconhecidas como parte das normas EIA/TIA.

Categoria 3 (CAT3):
- Cabo de par trançado sem blindagem.
- Primeira categoria que trabalhou especialmente com rede de computadores.

- As frequências de até 16Mhz permitiam uma velocidade nominal de 10Mbps (o padrão em questão é o 10BASE-T). No padrão 100BASE-T4, atingia velocidades de até 100Mbps.
- Impedância característica de 100ohm.
- Segmento podia se estender por até 100m.

Categoria 4 (CAT4):
- Essa categoria possuía um pouco mais de qualidade em relação ao CAT3, pois podia trabalhar com uma frequência de 20Mhz, chegando a uma velocidade de 16 a 20Mbps.
- Foi utilizada nas redes Token Ring.
- Não é mais reconhecida pela TIA.
- Assim como os cabos CAT1 e CAT2, não é mais fabricado comercialmente.

Categoria 5 (CAT5):
- Evolução natural dos cabos CAT3, que atingia a velocidades de 100Mbps e 1.000Mbps, de acordo com os padrões 100BASE-TX e 1000BASE-T, respectivamente.
- Apresenta versão blindada e sem blindagem.
- Largura de banda chegava a 100Mhz.
- Apesar da evolução em relação ao CAT3, esse cabo foi rapidamente substituído pelo cabo categoria 5e (*enhanced*).
- A versão CAT5e oferece uma taxa de atenuação de sinal mais baixa e pode trabalhar com uma largura de banda de até 125Mhz.
- Ainda hoje é um cabo muito utilizado, embora esteja em processo de migração para CAT6.
- Apenas a CAT5e é reconhecida pela TIA.

A Figura 6.8 ilustra um segmento de cabo CAT5e.

Figura 6.8 Cabo Categoria 5e.
Fonte: dos autores.

> > **CURIOSIDADE**

Existem duas técnicas para transmissão em Gigabit Ethernet através do cabo de par trançado:
- **1000BaseT (Padrão IEEE 802.3ab):** utiliza os 4 pares para transmitir e receber simultaneamente em 250Mbps cada, perfazendo 1Gbps.
- **1000BaseTx (Padrão TIA/EIA-854):** utiliza um método de transmissão diferente no qual 2 pares são designados exclusivamente para transmitir em 500Mbps cada e os outros 2 pares restantes são designados para receber a 500Mbps cada, totalizando 1Gbps.

Categoria 6:
- Categoria de cabos originalmente desenvolvida para trabalhar nativamente no padrão Gigabit Ethernet.
- Largura de banda especificada até 250Mhz e velocidades de 1Gbps até 10Gbps.
- Em função de suas características técnicas de maior largura de banda e de maior imunidade à interferência, as redes que operam em Categoria 6 são mais estáveis em relação aos sistemas baseados na Categoria 5e.
- Compatibilidade em relação à CAT5e.
- Seu segmento máximo é de 100m, como o dos cabos anteriores.
- Com velocidades de 10Gbps, seu segmento máximo é de 55m.
- Para suportar 10Gbps (10GBASE-T) em segmentos de 100m, foi criada a categoria 6a (*augmented*), que utiliza uma largura de banda de 500Mhz.

A Figura 6.9 mostra um segmento de cabo CAT6. Observe que, no meio do cabo, há uma estrutura plástica com o formato de uma roseta.

Figura 6.9 Cabo Categoria 6.
Fonte: dos autores.

Categoria 7:
- Mais recente categoria de desempenho com largura de banda de 600Mhz.
- Padrão que ainda utiliza 4 pares. No entanto, apresenta um novo tipo de conector chamado de Tera (padrão IEC 61076-3-104), diferente do RJ-45 tradicional (a Figura 6.10 mostra um conector Tera).
- Foi criado para as redes 10Gbps ou superior, porém seu uso não se popularizou em detrimento dos cabos CAT6 e fibras ópticas.
- Tanto a frequência máxima suportada quanto a atenuação de sinal são melhores do que nos cabos Categoria 6.

> **» ATENÇÃO**
> Embora os conectores RJ-45 sejam padrão para cabos de CAT5e, CAT6 e CAT6a, é importante observar pequenas diferenças entre eles, como o tipo de material utilizado, que varia de um padrão para outro. Isso ocorre porque foram construídos para atender a velocidades e a largura de bandas diferentes.

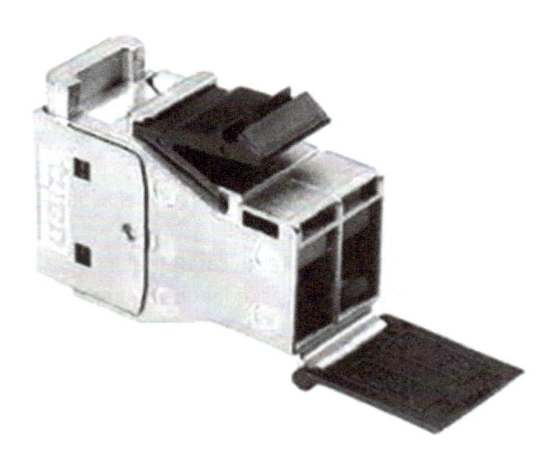

Figura 6.10 Conector Tera: Categoria 7.
Fonte: dos autores.

» Cabeamento óptico

Uma alternativa aos cabos de par metálico é a **fibra óptica**, tipo de cabo que transmite sinal de luz dentro de um espectro específico de frequência – o infravermelho – através de um meio (filamento) óptico formado por sílica ou plástico, com dimensões próximas de um fio de cabelo humano.

Estruturalmente, a fibra é formada por um núcleo por onde o sinal de luz trafega e que tem dimensões entre 8 ou 9 e 62,5mm. A casca é uma camada que reveste o núcleo da fibra, estrutura que possui índice de refração menor do que do núcleo. Por fim, temos a capa – uma estrutura de plástico que envolve o núcleo e a casca, responsável pela proteção mecânica da fibra (a Figura 6.11 mostra um desenho esquemático – corte transversal – de uma fibra óptica).

Em relação às características técnicas das fibras ópticas OM (*Optical Multimode*) e OS (*Optical Singlemode*), a ISO, por meio de sua norma ISO/IEC 11801, especifica padrões técnicos de acordo com os quadros 6.4 e 6.5 abaixo:

Quadro 6.4 » **Características técnicas de fibras OM (*Optical Monomode*)**

Categoria	Atenuação máxima (dB/km)		Min modal bandwidth [MHz/km]		
			Overfilled launch		Effective modal bandwidth
	850nm	1.300nm	850nm	1.300nm	850nm
OM1	3,5	1,5	200	500	Não especificada
OM2	3,5	1,5	500	500	Não especificada
OM3	3,5	1,5	1.500	500	2000

Quadro 6.5 » **Características técnicas de fibras OS (*Optical Singlemode*)**

Comprimento de onda (nm)	Atenuação máxima (dB/km)	
	OS1	OS2
1.310	1,0	0,4
1.383	Não especificado	0,4
1.550	1,0	0,4

» **DEFINIÇÃO**
Overfilled launch e *Effective modal bandwidth* são técnicas de medição/teste de mínima largura de banda disponível.

» **DICA**
Independentemente do tipo de fibra óptica, todas as cascas tem diâmetros iguais a 125mm.

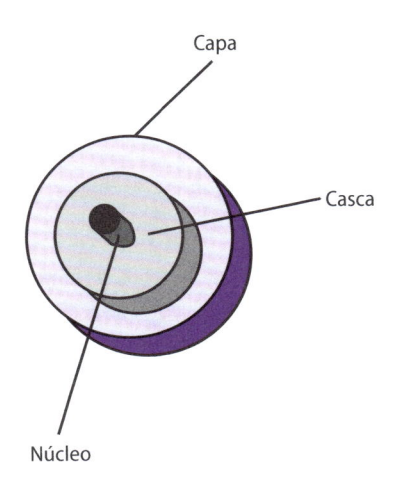

Figura 6.11 Fibra óptica: corte transversal.
Fonte: dos autores.

As demais características das fibras ópticas podem ser resumidas da seguinte forma:
- Atingem altas taxas de transmissão de dados, comumente a partir de Gbps.
- São utilizadas para transmitir voz, vídeo e dados.
- Têm imunidade a ruído e interferência eletromagnética.
- Possuem capacidade de transmissão a distâncias maiores que cabos metálicos.
- Têm alto índice de confiabilidade.
- São formadas por material que permite isolação elétrica.
- Devido ao seu baixo custo, é uma boa opção para situações em ambientes externos onde ocorrem roubos de cabos metálicos.
- São bastante utilizadas em telecomunicações e em grandes redes de computadores.

> **» DEFINIÇÃO**
> **Micrometro** (mm) é uma unidade que equivale a um milionésimo do metro (1×10^{-6}m). **Nanômetro** ou **milimícron** (nm) equivale a um bilionésimo do metro.

As características do espectro de luz e comprimento de onda utilizados na transmissão de dados são questões importantes relacionadas às fibras óticas. As unidades de medida utilizadas na representação de luz são os mm (mícron) e nm (nanômetro). A Figura 6.12 demonstra uma faixa de comprimento de ondas, onde a luz é transmitida dentro das fibras ópticas (Janela1 ~850nm, Janela2 ~1310nm e Janela3 ~1550).

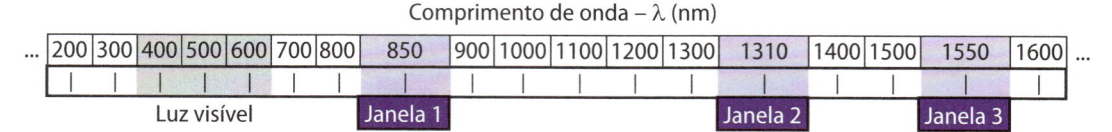

Figura 6.12 Espectro de comprimento de ondas.
Fonte: dos autores.

- Janela 1: As atenuações das fibras são as mais altas, sendo mais utilizadas em distâncias de até 2km.
- Janela 2: As atenuações são bem menores que na janela anterior, sendo mais utilizadas em longas distâncias.
- Janela 3: Também utilizadas em longas distâncias, utilizado em amplificadores ópticos.

Existem dois tipos de fibras ópticas disponíveis: as fibras multimodo (MM – *multi mode*) e as monomodo (SM – *single mode*). Cada tipo tem sua função e aplicação bem definida. A seguir, detalharemos um pouco mais cada uma delas.

Fibra multimodo

A fibra multimodo, como o próprio nome sugere, possui várias técnicas de transmissão da luz dentro da fibra. As formas de propagação distintas apresentadas são as fibras multimodo de índice degrau ou de índice gradual.

Dentre suas características, podemos destacar:
- Possui núcleo entre (50 e 62,5mm) – maior do que a monomodo.
- Devido ao maior diâmetro de seu núcleo, possibilita a utilização de transmissores mais baratos do que as fibras monomodo.
- Permite a propagação de múltiplos raios de luz.
- Seus conectores são mais simples e mais baratos.
- Adapta-se melhor em casos de emendas e conectorização.
- Apesar de possuir capacidade de distâncias maiores do que os cabos metálicos, ainda perdem em comparação a fibras monomodo – geralmente pode chegar a 2km.
- Mais utilizadas em sistemas de redes LANs.

Fibra multimodo de índice degrau

Sua principal característica é que seu núcleo possui índice de refração constante, o que faz com que seus raios de luz se propaguem internamente de forma homogênea por toda a extensão do núcleo, causando maior dispersão do sinal. Esse tipo de fibra tem qualidades inferiores a outros tipos, principalmente devido à grande perda de sinal em distâncias maiores. Por isso, não é mais produzida comercialmente.

Esse tipo de fibra tem aplicação prática em segmentos até 1km, atingindo velocidade de 10Mbps em comprimento de onda de 850nm. A Figura 6.13 ilustra a propagação de luz em uma fibra óptica do tipo multimodo de índice degrau.

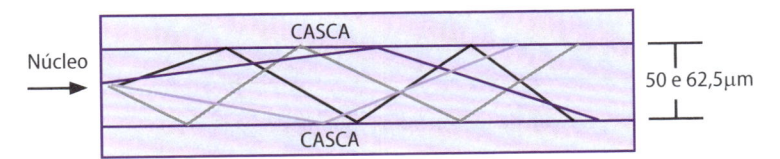

Figura 6.13 Propagação da luz em fibra multimodo de índice degrau.
Fonte: dos autores.

Fibra multimodo de índice gradual

Esse tipo de fibra tem uma melhor qualidade em relação à anterior, em razão da tecnologia mais avançada, pois possui em seu núcleo índices de refração variados. Tal condição faz com que os tempos de propagação da luz no núcleo da fibra sejam diferentes, permitindo a redução do alargamento do sinal – os raios de luz percorrer diferentes caminhos, com velocidades diferentes, e chegam ao mesmo tempo no receptor. Devido a essa técnica mais apurada, sua fabricação é mais complexa.

Ainda em função da característica de seu núcleo, essa fibra tem uma banda passante mais larga e, com isso, maior capacidade de transmissão.

>> **DICA**
A aplicação da fibra de índice gradual é voltada para distâncias de até 4km, com velocidade de 100Mbps e comprimento de onda entre 850nm e 1.310nm.

A Figura 6.14 ilustra a propagação de luz em uma fibra óptica do tipo multimodo de índice gradual.

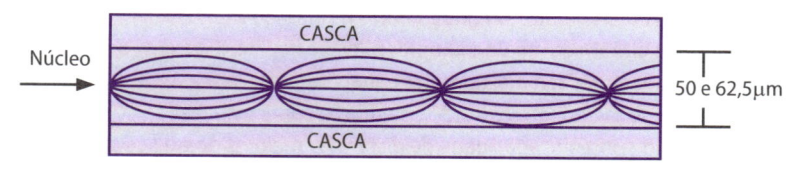

Figura 6.14 Propagação da luz em fibra multimodo de índice gradual.
Fonte: dos autores.

Fibra monomodo

As fibras monomodo possuem núcleos menores, que variam, dependendo do tipo, entre 8 e 9mm. Além disso, essa fibra possui apenas um modo de propagação, onde a luz percorre um único caminho dentro do núcleo (ver Figura 6.15). Suas características de transmissão são muito superiores às multimodos, principalmente no que diz respeito à banda passante (10 a 100GHz).

Enlaces com esse tipo de fibra podem ser superiores a 50km, dependendo dos equipamentos envolvidos, por isso são excelentes soluções para grandes distâncias.

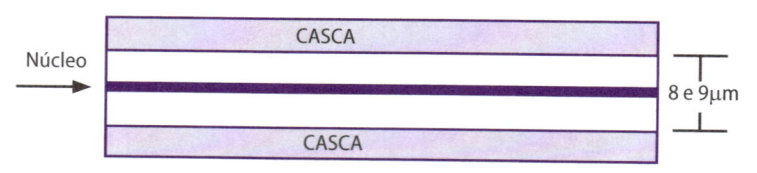

Figura 6.15 Propagação da luz em fibra monomodo.
Fonte: dos autores.

Tipos de transmissores

Cada tipo de fibra óptica, além do seu núcleo característico, também precisa de transmissores apropriados à propagação adequada da luz, de acordo com a tecnologia em questão. Ou seja, os tipos de transmissores emitem potência luminosa em diâmetros diferentes dentro do núcleo da fibra (ver Figura 6.16). Essa área, onde a luz é emitida, é chamada de ***spot size***. As tecnologias de transmissão da luz dentro da fibra podem ser feitas por meio de três maneiras distintas.

LED

A **tecnologia LED** (*Light Emitting Diode*) é o sistema de transmissão de potência luminosa mais utilizada em sistemas de fibra óptica. Emite luz sobre toda a extensão do núcleo da fibra. O LED pode ser de dois tipos:

- Emissores de borda: embora não tenha uma qualidade tão boa na emissão de luz, consegue ter uma largura de modulação superior.
- Emissores de superfície: possuem boa emissão de luz, mas menor largura de banda.

As velocidades máximas obtidas com o LED é 622Mbps, e os comprimentos de onda trabalhados geralmente estão entre 820 e 850nm. Para desenvolver velocidades maiores é necessária a troca de transmissores. Uma alternativa para isso, em fibras multimodo, são os transmissores VCSEL.

VCSEL

O **VCSEL** (*Vertical Cavity Surface Emitting Laser*) ou laser de emissão de superfície por cavidade vertical é um transmissor de menor custo de produção que possui um baixo consumo de potência. É utilizado em fibras multimodo ou monomodo e consegue transmitir dados a velocidades que podem variar de 1 a 10Gbps.

O feixe de luz emitido pelo VCSEL é mais estreito que o do LED, necessitando de menos energia. Os comprimentos de onda em que esse dispositivo de transmissão trabalha são 850 e 1.300nm. O principal desafio para os especialistas atualmente é o desenvolvimento de um dispositivo de alta potência VCSEL com um comprimento de onda de emissão de 1.550nm.

Laser

Dentre os transmissores de fibra óptica apresentados, o **laser** (*Light Amplification by Stimulated Emission of Radiation*) é o mais eficiente, pois a luz é altamente direcionada, não ocorrendo dispersão do sinal luminoso. Sua potência óptica é superior a do LED e a do VCSEL. Outras características são: custos elevados em relação a outros transmissores, baixa vida útil e uso em grandes distâncias.

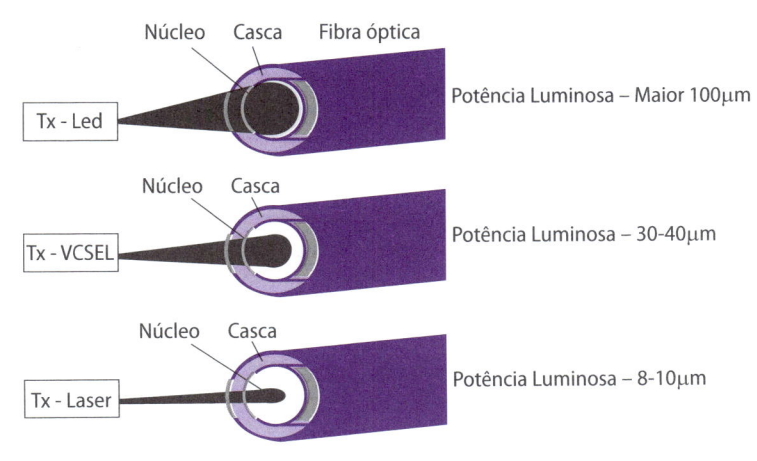

Figura 6.16 Tipos de transmissores de fibras ópticas.
Fonte: dos autores.

>> Meios não guiados

Os meios de comunicação entre componentes também podem ser do tipo não guiados. São aqueles que **não utilizam cabos metálicos nem fibras ópticas** – usam apenas o ar entre seu transmissor e receptor. É o caso da comunicação por meio das ondas de rádio, das micro-ondas e do infravermelho.

Eventualmente, nesse tipo de transmissão, por questões geográficas, é necessária a colocação de um repetidor para amplificação do sinal. Para facilitar a compreensão entre os diversos tipos de sinais utilizados nessas transmissões, a Internacional Telecommunication Union (ITU), padronizou o espectro de frequência, definindo zonas e faixas de frequência de acordo com suas particularidades e funcionalidades.

A Figura 6.17 mostra um resumo dos comprimentos de onda em relação às zonas especificadas pela ITU.

> **» IMPORTANTE**
> As zonas definidas ao longo do espectro são as seguintes: frequência extremamente baixa, frequência muito baixa, ondas de rádio, micro-ondas, infravermelhos, luz visível, raios ultravioletas, raios X, raios Gama e raios cósmicos.

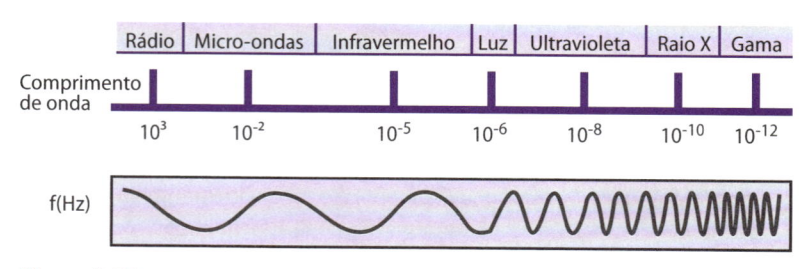

Figura 6.17 Espectro de frequência.
Fonte: dos autores.

>> Ondas de Rádio

As **ondas de rádio** (eletromagnéticas), também conhecidas como ondas de radiofrequência, são utilizadas em comunicação de longa distância. Quando utilizamos frequências mais baixas, estas podem atravessar barreiras físicas e, quando são maiores, suas características mudam e elas se propagam mais em linha reta.

A Figura 6.18 ilustra um exemplo de uso de comunicação de dados por ondas de rádio.

> **» IMPORTANTE**
> As aplicações para ondas de rádio são bastante variadas, podendo ser destacadas as seguintes: rádio amador, radiodifusão (rádio e televisão), telefonia móvel, radar, comunicação via satélite e redes de computadores.

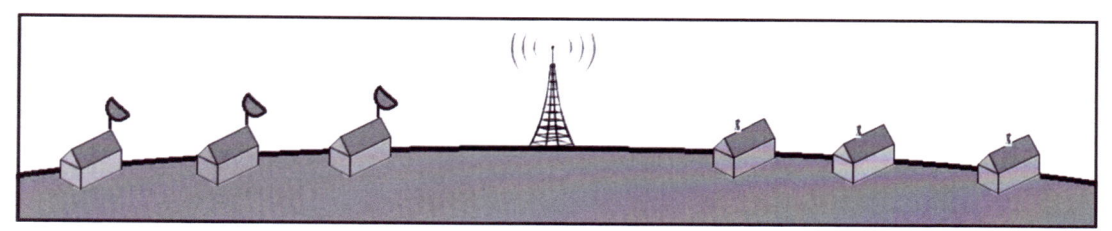

Figura 6.18 Comunicação por ondas de rádio (radiodifusão).
Fonte: dos autores.

» Micro-ondas

A **tecnologia de micro-ondas** é responsável pela transmissão de ondas eletromagnéticas de alta frequência: Bandas UHF (*Ultra High Frequency*), SHF (*Super High Frequency*) e EHF (*Extremely High Frequency*). Na medida em que se trabalha com frequências maiores, surge a necessidade de se posicionar as antenas de uma forma direcional, ou seja, uma de frente para a outra.

Essa modalidade de transmissão se divide em micro-ondas terrestre e micro-ondas por satélite.

> » **DICA**
> A aplicação convencional de micro-ondas ocorre em situações nas quais cabos não são possíveis nem praticáveis.

Micro-ondas terrestre

Essa modalidade de transmissão é utilizada para os casos de grandes distâncias em que o uso de cabos não é possível, sobretudo em função do relevo. Nessa situação, devido à característica da transmissão em linha reta – com onda eletromagnética acima de 100Mhz – e dependendo da posição dos receptores e dos transmissores e da altura de suas antenas, pode-se alcançar distâncias de até aproximadamente 80km. No entanto, devido à curvatura da Terra, os repetidores são colocados aproximadamente a cada 45km.

A Figura 6.19 mostra uma imagem típica de uma transmissão de micro-ondas terrestre.

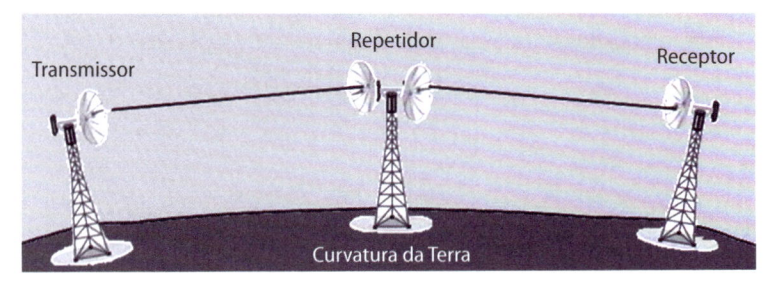

Figura 6.19 Transmissão micro-ondas terrestre.
Fonte: dos autores.

Outras características que podemos destacar na transmissão por micro-ondas são:
- Para distâncias maiores, devem ser utilizados repetidores.
- Cada repetidor retransmite o sinal para o próximo repetidor (lance), e assim por diante.
- Uso de antenas parabólicas.
- Fatores que causam problemas nesse tipo de transmissão: não homogeneidade da atmosfera, reflexões (trajetos múltiplos) e difrações (obstáculos pontiagudos). Fenômenos meteorológicos como a chuva também podem reduzir parte da energia transmitida.
- Geralmente utilizado para transmissão de telefone ou televisão.

Micro-ondas por satélite

O uso de micro-ondas por satélite (ver Figura 6.20) é semelhante à estratégia terrestre; no entanto, com uma abrangência muito superior. Além das situações mencionadas na tecnologia anterior, também pode ser empregada em locais com pouca ou nenhuma infraestrutura, como nas florestas ou áreas de preservação ambiental, onde não há possibilidade de instalar as repetidoras. Esse tipo de solução também é utilizado quando se pretende disponibilizar uma rede de longa distância em um curto período de tempo.

Outras características que podemos destacar na transmissão por micro-ondas por satélite são:
- O satélite normalmente recebe o sinal em uma frequência e devolve/retransmite em outra.
- Uso de satélite geoestacionário – que fica sempre na mesma posição em relação à Terra –, geralmente em altitudes acima de 35.000km.
- Satélites de órbitas MEO (*Medium-Earth Orbit* – até 5.000km) e LEO (*Low-Earth Orbit* – entre 15.000 e 20.000km) também podem ser usados por transmissões em micro-ondas por satélite.
- Devido às grandes distâncias, há um alto retardo nessa transmissão.
- Por estar em uma grande altitude e, portanto, visível para outras pessoas, é fundamental o uso de criptografia dos dados nesse tipo de solução.
- Seus transmissores e receptores devem ter grande potência para poder trabalhar com distâncias elevadas.
- Em função da posição estratégica dos satélites, é possível montar redes para transmitir dados a distâncias globais com bastante facilidade.

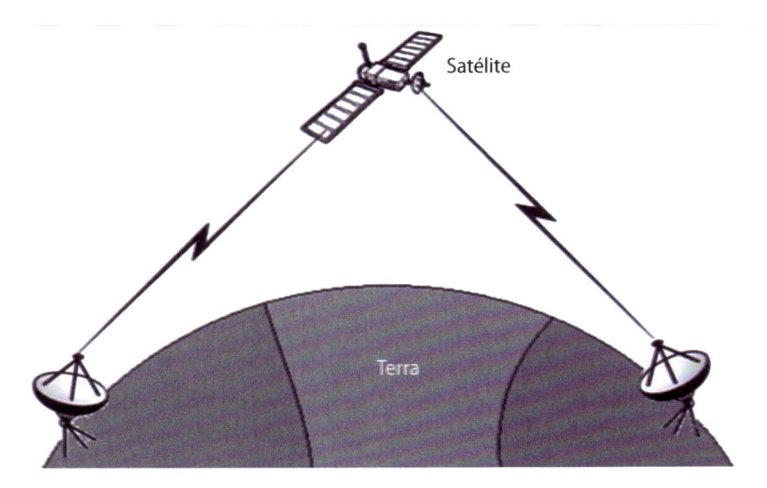

Figura 6.20 Transmissão micro-ondas por satélite.
Fonte: dos autores.

» Infravermelho

Frequência não visível ao olho humano, com irradiação não ionizante – sem riscos a saúde humana. Esse meio de transmissão tem seu uso voltado a aplicações domésticas, como os controles remotos utilizados em TVs, aparelhos de ar condicionado, som e portões elétricos, além de celulares.

Com baixo custo e facilidade de desenvolvimento, seu sinal não atravessa corpo sólido e não necessita de licenciamento de órgão regulador para suas operações. A Figura 6.21 ilustra algumas das funções de infravermelho.

> **» DICA**
> O **infravermelho** tem esse nome por estar próxima à cor vermelha na faixa de espectro visível.

Figura 6.21 Aplicações infravermelho.
Fonte: figura da esquerda: amtikainen/iStock/Thinkstock; figuras da direita: Tomwang112/iStock/Thinkstock (de cima); bizoo_n/iStock/Thinkstock.

Agora é a sua vez!

1. Qual é a diferença básica entre um cabo metálico UTP e STP?
2. Diferencie fibra degrau e gradual.
3. Descreva os componentes básicos de uma fibra óptica.
4. Quais são os tipos de transmissores em fibras ópticas?
5. Quais são as diferenças básicas entre fibras multimodo e monomodo?
6. Descreva as principais características e diferenças dos cabeamentos metálicos coaxial e par trançado?
7. Quais são os tipos de meio que utilizam cabos?
8. Cite as zonas das ondas de rádio.
9. Descreva a diferença entre as micro-ondas terrestre e por satélite.
10. Cite as características do meio infravermelho.

LEITURAS COMPLEMENTARES

ADVANCING Global Communications. Documents & publications. TIA. Arlington, 2013. Disponível em: <http://www.tiaonline.org/policy/documents-publications>. Acesso em: 25 fev. 2014.

BERGAMO, R. T. *Sistemas de comunicações ópticas*. São José: IFSC, 2007. Disponível em: <http://www.sj.ifsc.edu.br/~saul/sistemas%20opticos/comunicacoes%20opticas%20I.PDF>. Acesso em: 18 mar. 2014.

COELHO, P. E. *Projeto de redes locais com cabeamento estruturado*. Belo Horizonte: Instituto Online, 2003.

FURUKAWA. [Documentação sobre cabeamento estruturado]. São Paulo, [20--]. Disponível em: < http://www.furukawa.com.br/br/rede-furukawa/materiais-de-apoio/catalogos-69 >. Acesso em: 01 mar. 2014. Material de apoio.

MARIN, P. S. *Cabeamento estruturado:* desvendando cada passo: do projeto à instalação. 3. ed. São Paulo: Érica, 2010.

Procedimentos errados no cabeamento de rede com par trançado. *Revista PNP*, São Paulo, 6 ago. 2009. Disponível em <http://www.revistapnp.com.br/conteudo.php?Tipo=5&Cod=24>. Acesso em: 10 mar. 2014.

ROSSI, F. Data Center II: Técnicas e Práticas para a Construção de uma Instalação Segura. *Teleco*: Tutoriais Infraestrutura. São José dos Campos, 2013. Disponível em: <http://www.teleco.com.br/tutoriais/tutorialdcseg2/default.asp>. Acesso em: 20 mar. 2014

capítulo 7

Cabeamento estruturado

A principal função da camada física é realizar a transmissão e o recebimento de informações entre os elementos ativos posicionados dentro de uma rede de dados. Neste capítulo, você entenderá que a disposição de uma rede exige técnicas que garantam a confiabilidade e o desempenho dos meios de comunicação entre os componentes.

Objetivos de aprendizagem

- Reconhecer um cabeamento estruturado.
- Identificar as principais normas que envolvem o cabeamento estruturado em edifícios comerciais.
- Distinguir os subsistemas básicos de uma infraestrutura de cabeamento estruturado e seus relacionamentos.

>> Introdução

No estudo das redes de computadores, a preocupação relacionada à **configuração de software** se justifica na medida em que esta possibilita a **comunicação entre os componentes**. A maleabilidade dos meios físicos permite que, com um mínimo de conectividade, esses componentes consigam se comunicar.

No entanto, o cabeamento não é uma questão tão simples, e sua implementação exige certo investimento. Não atentar para isso pode gerar problemas de cabeamento, que acarretam indisponibilidade ou instabilidade na rede.

As novas demandas das redes relacionadas a serviço e aplicações multimídias têm exigido que as estruturas físicas de redes sejam cada vez mais robustas e permitam velocidades de transmissão mais altas.

>> Cabeamento estruturado

A crescente demanda por comunicação faz com que cada vez mais as redes de transmissão de voz, dados e vídeo convirjam para uma única infraestrutura. A demanda por confiabilidade e qualidade de serviço (QoS) também nunca foi tão grande. Logo, é necessário um sistema de cabeamento que seja confiável e tenha alto desempenho.

>> PARA SABER MAIS

A **QoS** da rede depende das necessidades da aplicação, ou seja, do que ela requisita da rede a fim de que funcione bem e atenda as necessidades do usuário. Esses requisitos são traduzidos em parâmetros indicadores do desempenho da rede como, por exemplo, o atraso máximo sofrido pelo tráfego da aplicação entre o computador origem e destino. Para saber mais sobre qualidade de serviço, acesse o ambiente virtual de aprendizagem Tekne: **www.bookman.com.br/tekne**.

Para atender essa demanda, foi criado o conceito de **cabeamento estruturado**. A principal finalidade do cabeamento estruturado é prover uma infraestrutura de fibra óptica ou cabeamento metálico responsável pelo transporte de dados e suporte a diversos tipos de aplicações. Abaixo, destacamos suas principais características.

- Ser flexível quanto a sua disposição física.
- Permitir a integração de dados e voz.
- Permitir a seus administradores planejar e instalar sistemas de cabeamento estruturado para prédios comerciais.
- Ter uma estrutura que permita um fácil gerenciamento e manutenção.
- Sua topologia deve ser baseada em estrela.

Normas

Com a importância que as redes de computadores ganharam nas últimas décadas, sobretudo com o advento da Internet e com o aumento de sua complexidade, a normatização ou padronização desses ambientes tem se tornado essencial, principalmente para manter a qualidade e manutenção de seus serviços.

A norma internacional que define o cabeamento estruturado em edifícios comerciais é a ANSI/TIA-568-C, publicada em 2008 pelo American National Standards Institute (ANSI) e pela Telecomunications Industry Association (TIA). Em nível internacional, a ISO (International Standards Organization) publicou em 1995 a ISO/IEC 11801, padrão de cabeamento denominado Cabeamento Genérico para Instalação do Cliente (*Generic Cabling for Customer Premises*).

No Brasil, temos a NBR 14.565, que surgiu em 1994, por meio da Associação Brasileira de Normas Técnicas (ABNT). Tanto a norma brasileira quanto a ISO/IEC 11801 equivalem à norma ANSI/TIA-568. As normas ANSI/EIA/TIA 569, ANSI/EIA/TIA 606 e ANSI/EIA/TIA 607 completam o ambiente do cabeamento estruturado.

Quadro 7.1 » **Principais entidades normativas**

Associação Brasileira de Normas Técnicas (ABNT)	Órgão brasileiro responsável pela definição de normas técnicas e padronização no Brasil. Foi fundado em 1940.
Electronic Industries Alliance (EIA)	Órgão vinculado à área da indústria eletrônica, que desenvolve padrões para seus associados.
Telecomunications Industry Association (TIA)	Representa o setor de telecomunicações da EIA. Foi fundada 1988 a partir da junção da United States Telecommunications Suppliers Association (USTSA) e do Information and Tecnology Group (ITG).
American National Standards Institute (ANSI)	Órgão norte-americano responsável pela criação e manutenção de padrões técnicos. Representa empresas, universidades e outras instituições. Também representa os Estados Unidos em organizações internacionais como a ISO.

Norma ANSI/EIA/TIA 568

Com a evolução das redes de computadores, foi necessária a padronização dessas estruturas, e em 1985 a EIA e a TIA criaram as primeiras padronizações para cabeamento estruturado em edifícios comerciais. Somente em 1991 foi lançada a norma EIA/TIA 568. Após sua publicação e com adendos de novas tecnologias (boletins técnicos), em 1994 foi publicada a norma com nome EIA/TIA 568-A.

A primeira grande alteração nessa norma ocorreu em 2001, com a publicação da nova norma EIA/TIA 568-B, formada pela anterior EIA/TIA 568-A, seus adendos e boletins (*Telecommunications System Bulletin* – TSB). Essa norma era estruturalmente dividida conforme o Quadro 7.2.

Quadro 7.2 » Divisão EIA/TIA 568-B

EIA/TIA 568-B.1	Definição dos requisitos gerais para um sistema genérico de cabeamento para um edifício comercial.
EIA/TIA 568-B.2	Especificação e padronização de componentes do cabeamento metálico de par trançado em rede de computadores.
EIA/TIA 568-B.3	Especificação e padronização de componentes do cabeamento óptico em rede de computadores.

Assim como a norma anterior, a EIA/TIA 568-B recebeu diversos adendos e boletins de atualização, tornando sua consulta complexa. Com isso, a ANSI publicou sua nova série denominada ANSI/TIA-568-C e estipulou que essas normas sejam revisadas a cada cinco anos. Essa nova publicação trouxe uma alteração de estrutura em relação à norma anterior, com a criação da divisão ANSI/TIA-568-C.0 (veja o Quadro 7.3).

Quadro 7.3 » Divisão ANSI/TIA-568-C

ANSI/TIA-568-C.0	Definição de cabeamento de telecomunicações genéricos para instalações gerais.
ANSI/TIA-568-C.1	Definição dos requisitos gerais para um sistema genérico de cabeamento para um edifício comercial.
ANSI/TIA-568-C.2	Especificação e padronização de componentes do cabeamento metálico de par trançado em rede de computadores.
ANSI/TIA-568-C.3	Especificação e padronização de componentes do cabeamento óptico em rede de computadores.

O Quadro 7.4 resume a evolução da norma ANSI/EIA/TIA 568 ao longo do tempo com a evolução das tecnologias.

Quadro 7.4 » Resumo das normas ANSI/EIA/ANSI 568

Norma	Estrutura	Descrição	Ano publicação	Patrocinador
568-A	568-A1	Adendo para especificações para parâmetros de transmissão em cabos UTP.	1994	EIA/TIA
	568-A2	Adendo para modificação de parâmetros referente à topologia estrela para cabeamento óptico.		
	568-A3	Terceiro adendo à norma 568-A.		
	568-A4	Adendo para especificação de parâmetros NEXT loss em cabos UTP.		
	568-A5	Adendo para especificações para parâmetros de transmissão em cabos UTP CAT 5e.		
568-B	568-B1	Padrão para cabeamento de edifícios comerciais.	2001	EIA/TIA
	568-B2	Padronização e especificação cabeamento metálico de par trançado.		
	568-B3	Padronização e especificação cabeamento óptico.		
568-C	568-C0	Padrão para cabeamento de redes genéricas.	2008	ANSI/TIA
	568-C1	Padrão para cabeamento de edifícios comerciais.		
	568-C2	Padronização e especificação cabeamento metálico de par trançado.		
	568-C3	Padronização e especificação cabeamento óptico.		

Norma ANSI/EIA/TIA 569

A norma ANSI/EIA/TIA 569 normaliza as práticas de construção e projeto em (e entre) prédios comerciais referentes à infraestrutura de cabeamento de telecomunicações. Ela também especifica padrões para encaminhamentos (eletrocalhas, eletrodutos, etc.), rotas (angulações de dutos, números de curvas, etc.) e espaços ou salas onde os equipamentos, como servidores, roteadores e switches, e os meios de telecomunicações serão instalados.

Essas especificações abrangem os seguintes subsistemas:
- Sala de equipamentos.
- Sala de telecomunicações ou armário de telecomunicações.
- Área de trabalho.
- Entrada do edifício.
- Dutos ou caminhos entre salas ou andares.

A Figura 7.1 mostra um exemplo de encaminhamentos padronizados pela norma ANSI/EIA/TIA 569.

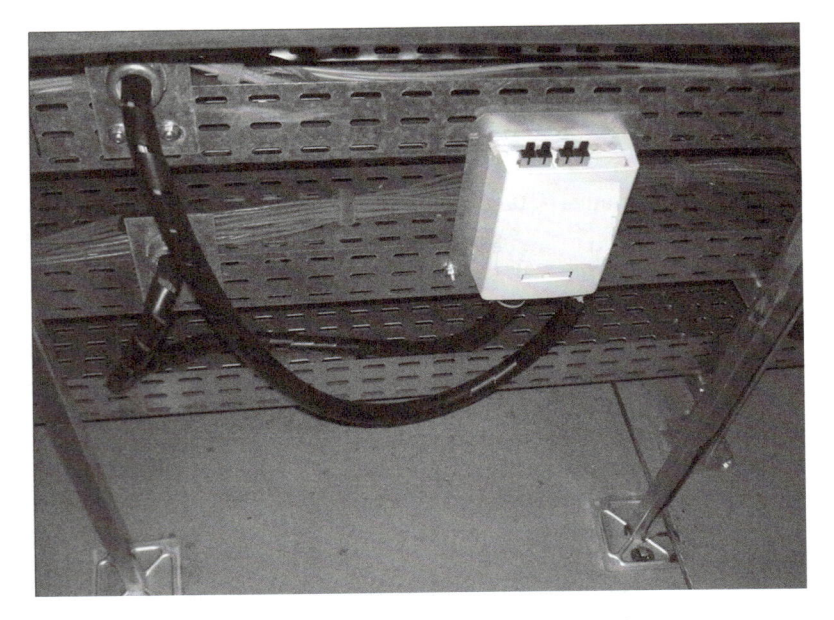

Figura 7.1 Exemplo de eletroduto em encaminhamento de cabos.
Fonte: dos autores.

Norma ANSI/EIA/TIA 606

A Norma ANSI/EIA/TIA 606 (padrão de administração para infraestrutura de edifícios comerciais), publicada inicialmente em 1993, tem como objetivo fornecer um esquema de administração uniforme e independente, no qual estão incluídas informações sobre diversos componentes, como etiquetas em geral, passagem de cabos, sistema de aterramento, armário ou sala de telecomunicações, placas de identificação, plantas de áreas internas (andares, elétrica, rede, etc.), entre outros.

Essa documentação também inclui informações sobre a rede local, com suas respectivas legendas, registros, diagramas, cores, entre outros. Embora a sugestão da norma seja bem completa, não há indicação sobre como deve ser feita a documentação.

Uma boa documentação traz vários benefícios para a administração de uma infraestrutura de um cabeamento estruturado:
- Redução da demora na localização e origem de falhas de infraestrutura.
- Redução de custos de administração e gerenciamento.
- Aumento da vida útil do cabeamento.
- Rápida recuperação de falhas e volta do serviço.
- Documentação deve englobar todos os serviços disponíveis na infraestrutura.

A estrutura da documentação dessa norma é formada por quatro classes escaláveis, podendo atender desde pequenas redes locais até grandes redes metropolitanas. Veja os detalhes no Quadro 7.5.

Quadro 7.5 » Classes da estrutura de documentação

Classe	Infraestrutura	Descrição
1	Apenas uma Sala de Equipamentos (SE)	Quando é o ponto único ou principal da rede que requer administração. Nesse caso, devido à infraestrutura mais simples, dutos e encaminhamentos não requerem administração.
2	Mais de uma Sala de Equipamentos (SE) e um único edifício	Necessita, além dos componentes da Classe 1, de locais como Sala de Telecomunicações (uma ou mais), e dos encaminhamentos que interligam esses subsistemas.
3	Mais de um prédio, ambiente de *campus*	São incluídas plantas externas nessa administração. Essa classe deve ter os componentes da Classe 2 adicionados de elementos que identifiquem as estruturas externas envolvidas ou relacionadas a todas as edificações (registro de edifícios, fibras ópticas de interconexão, encaminhamentos entre prédios, além dos identificadores da Classe 2 de todas as edificações).
4	Conjunto de *campus*	A complexidade exige documentação além de simples interação entre prédios de uma mesma infraestrutura. Afora a documentação de Classe 3 para todos os *campi* envolvidos, são necessárias documentações adicionais, como registros de rede WAN com suas redundâncias, caminhos de conexões entre os *campi*, documentações externas (ruas, dutos, postes, etc.), entre outras.

Norma ANSI/EIA/TIA 607

Os equipamentos elétricos de uma infraestrutura de cabeamento estruturado necessitam de um sistema de proteção adequado. O aterramento da rede elétrica é uma solução que deve ser observada com bastante atenção. Com ele, podemos garantir a segurança da rede elétrica para seus usuários em relação à descarga estática de seus componentes e auxiliar os dispositivos de proteção da rede como os disjuntores.

O objetivo da norma ANSI/EIA/TIA-607, publicada em 2002, é recomendar em seu planejamento boas práticas de aterramento para a infraestrutura de cabeamento estruturado em edifícios comerciais, desde a fase de projeto até a sua instalação.

A Figura 7.2 ilustra um esquema de aterramento básico.

> **» ATENÇÃO**
> De acordo com a norma ANSI/EIA/TIA-607, quando houver vários edifícios comerciais, cada aterramento deve estar interligado entre os diversos prédios para evitar diferença de potencial entre eles.

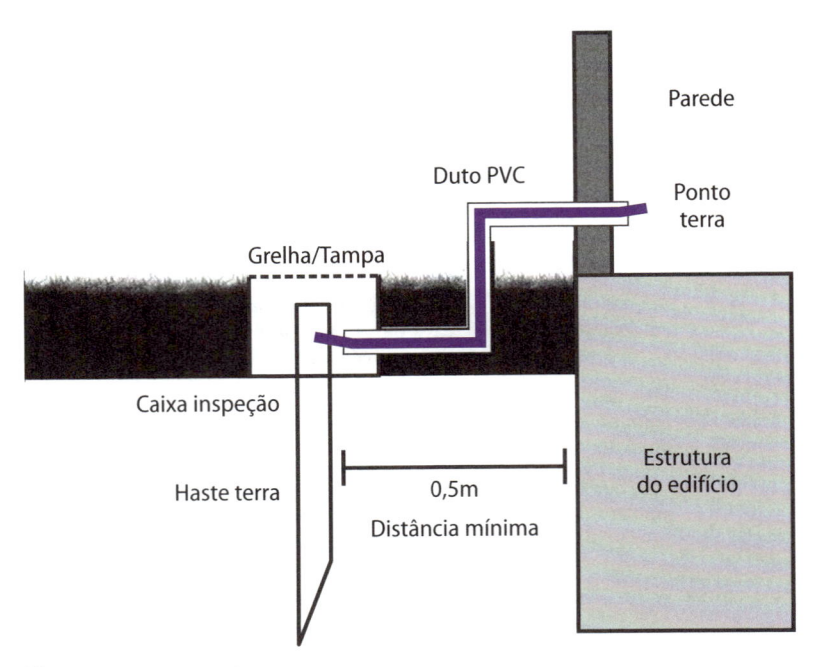

Figura 7.2 Esquema de aterramento.
Fonte: dos autores.

>> Componentes do cabeamento estruturado

A rede física não é composta somente de cabeamento metálico ou de fibras ópticas. Além de outros componentes passivos, existem áreas da rede nas quais as funções de distribuição estão bem definidas, permitindo assim a modularidade e a facilidade de administração.

Essas áreas são formadas por Entrada do Edifício, Sala de Equipamentos, Cabeamento *Backbone,* Armário de Telecomunicações, Cabeamento Horizontal e Área de Trabalho.

A Figura 7.3 ilustra os subsistemas de um cabeamento estruturado.

> **>> ATENÇÃO**
> A norma NBR 14.565 determina siglas específicas para os subsistemas do cabeamento estruturado, como SET (Sala de Entrada de Telecomunicações), SEQ (Sala de Equipamentos), AT (Armário de Telecomunicações) e ATR (Área de Trabalho).

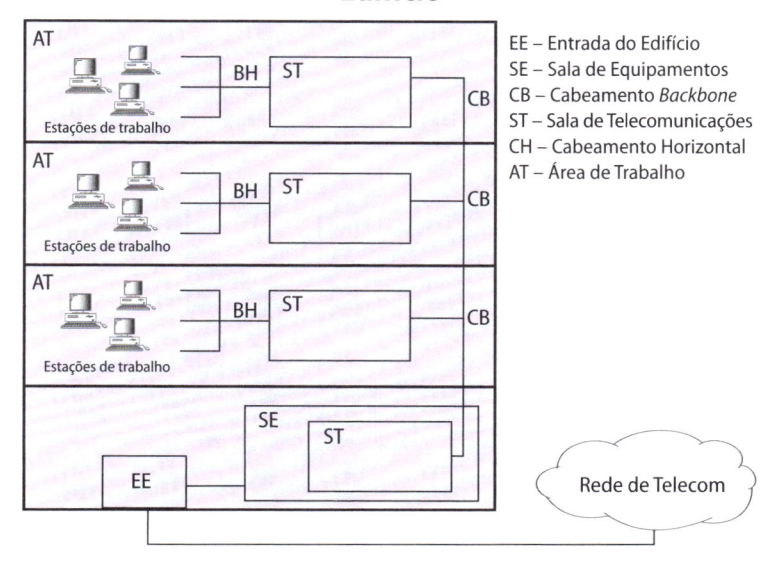

Figura 7.3 Subsistemas básicos de um cabeamento estruturado.
Fonte: dos autores.

>> PARA SABER MAIS

Como a norma TIA/EIA 568-C foi originalmente definida em inglês, você pode encontrar os subsistemas descritos de diferentes formas em outras literaturas. Veja abaixo:

- EE (Entrada do Edifício) = EF (*Entrance Facilities*)
- SE (Sala de Equipamentos) = ER (*Equipment Room*)
- CB (Cabeamento *Backbone*) = BC (*Backbone Cabling*)
- ST (Sala/Área de Telecomunicações) = TR (*Telecomunication Room*)
- CH (Cabeamento Horizontal) = HC (*Horizontal Cabling*)
- AT (Área de Trabalho) = WA (*Work Area*)

Entrada do Edifício

Subsistema responsável pela conectividade da rede local com o mundo externo. A Figura 7.4 mostra uma típica sala Entrada do Edifício (EE).

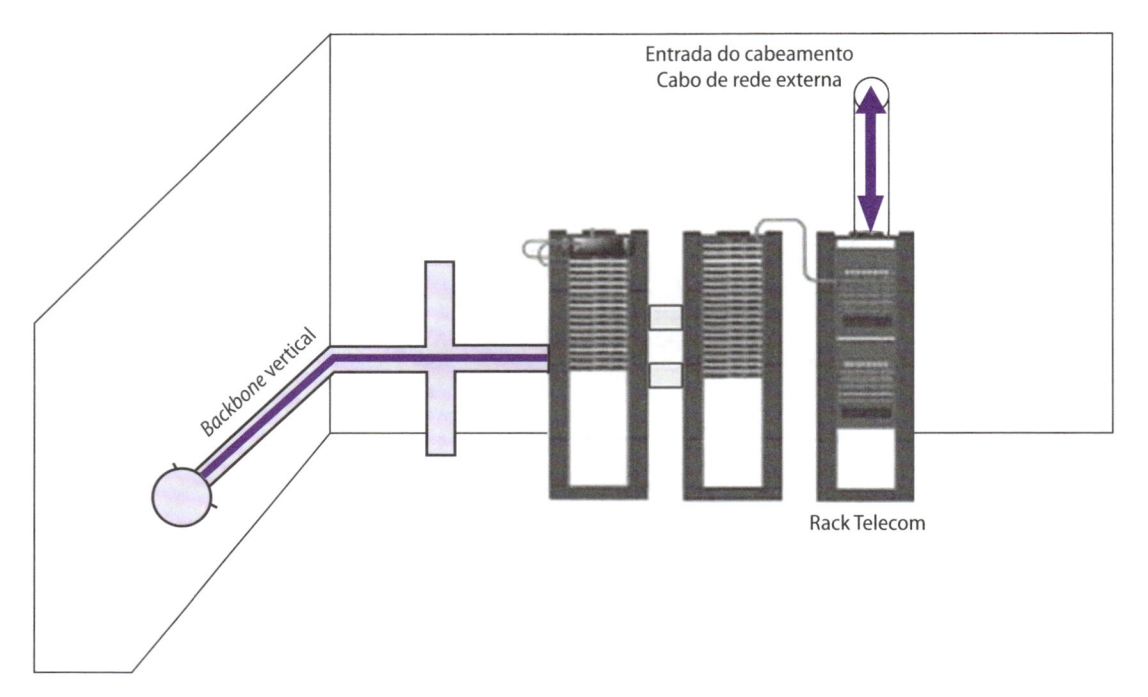

Figura 7.4 Entrada do Edifício (EE).
Fonte: dos autores.

Algumas das funções e características dessa área:

- Possui entrada de cabeamento das empresas concessionárias de telecom, TV a cabo, etc.
- Contém equipamentos de telecomunicações e dispositivos de proteção contra sobrecarga elétrica dos elementos ativos.
- Pode ser própria ou compartilhada com a Sala de Equipamentos (SE).
- É protegida de umidade e em local seco, não devendo ter dutos de água ou gás passando por suas imediações.
- Abriga o DG (Distribuidor Geral) de telefonia que atende ao prédio.

Sala de Equipamentos

A sala de equipamentos é o local mais importante da rede no que diz respeito aos equipamentos ativos. Pode concentrar todos os cabos do *backbone* e os cabeamentos horizontais do mesmo piso e da sala Entrada do Edifício (EE).

Outras características dessa área:

- A sala deve concentrar todos os equipamentos ativos (switches, roteadores, *firewalls*, servidores, PABX, etc.), que podem ser equipamentos de informática e de telecomunicações, entre outros. Nessa sala também pode estar presente a Sala de Telecomunicações (ST).

- Alguns equipamentos mais específicos, como *modems*, rádios, multiplexadores, entre outros, também podem ficar nessa sala.
- A área mínima recomendada para a sala de equipamentos é de 14 m^2 para uma área máxima de até 50.000 m^2. Acima disso, para cada 10.000 m^2 adiciona-se 1m^2 à Sala de Equipamentos.
- Por questões estratégicas e de facilidade de administração, essa sala deve estar próxima ao Cabeamento *Backbone* (CB).
- Deve abrigar o Cross-Connect Principal, o Cross-Connect Intermediário e o Cross-Connect Horizontal do andar a que pertence.
- A sala deve ter controle de temperatura e de umidade.

A Figura 7.5 mostra o modelo de uma estrutura de Cross-Connect.

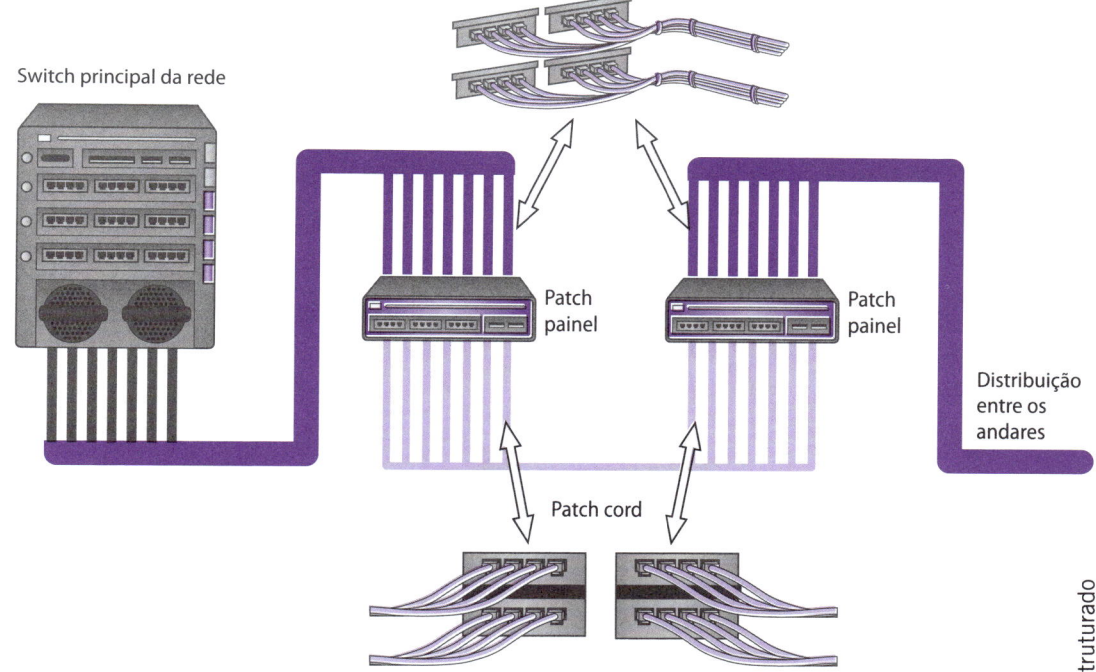

> **» DEFINIÇÃO**
> **Cross-Connect** ou conexão cruzada é uma estrutura de rede local que tem como função interconectar áreas distintas utilizando *patch cord* e *patch painel*.

Figura 7.5 Cross-Connect ou conexão cruzada.
Fonte: Thiago André Severo de Moura.

Quadro 7.6 » **Tipos de Cross-Connect**

Cross-Connect Principal ou Principal Conexão Cruzada	Estrutura composta por *patch* painel, que permite a interconexão dos principais switches da rede com os Cross-Connect Intermediário ou Horizontal.
Intermediate Cross-Connect ou Conexão Cruzada Intermediária	Estrutura de *patch* painel que liga o Cross-Connect Principal ao Cross-Connect Horizontal.
Cross-Connect Horizontal ou Conexão Cruzada Horizontal	Estrutura de *patch* painel que interconecta os switches departamentais às tomadas de telecomunicações.

A Figura 7.6 mostra um esquema de uma rede onde é possível verificar a inter-relação das estruturas de Cross-Connect.

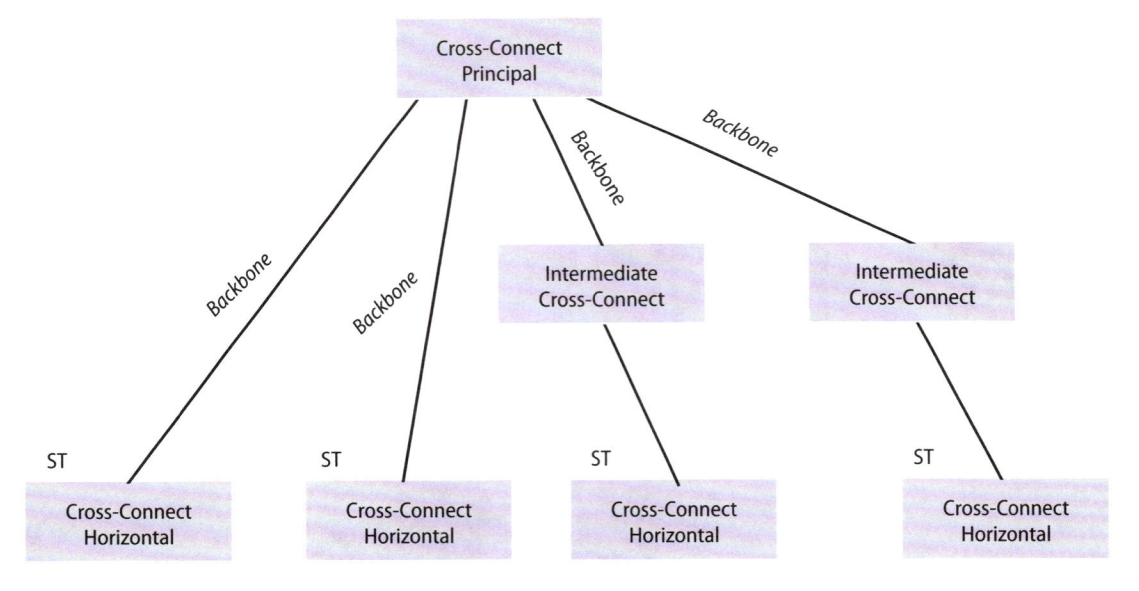

Figura 7.6 Relacionamento entre as Cross-Connect.
Fonte: dos autores.

Cabeamento *Backbone*

O Cabeamento *Backbone* também pode ser chamado de cabeamento vertical ou cabeamento principal. Essa estrutura de cabeamento é uma das mais importantes da rede, pois é responsável pela interligação entre a Sala de Equipamento, Salas de Telecomunicações e Entrada do Edifício. Também é responsável pela interligação entre os andares e deve ter as seguintes características:

- Sua configuração de instalação deve ter a topologia de estrela.
- Não são permitidos mais de dois níveis Cross-Connect no mesmo *backbone*.
- Os cabos originados do Cross-Connect Principal formam o primeiro nível de hierarquia, enquanto os cabos provenientes do Cross-Connect intermediário formam o segundo nível de hierarquia.
- Possuir cabos que façam a interconexão entre outros prédios.
- Emendas nesse tipo de cabeamento são totalmente desaconselháveis.
- Do ponto de vista de gerenciamento e administração, é importante considerar a previsão de expansão e necessidades especiais de determinados equipamentos e componentes de rede.

Com relação aos cabos utilizados em Cabeamento *Backbone*, as normas EIA/TIA 568-C e NBR 14.565 definem os seguintes tipos (ver Figura 7.7):

- Cabos U/UTP e F/UTP de quatro pares, categoria 5e, 6 e 6A, impedância de 100 ohm (comprimento máximo: 800m para voz; 100m para dados).
- Cabos multipares sem blindagem, geralmente de 25 pares, categoria 5e (comprimento máximo de 100m).
- Cabo de fibra óptica multimodo de 62,5/125µm e 50/125µm (comprimento máximo de 2.000m).
- Cabo de fibra óptica monomodo (comprimento máximo de 3.000m).

Figura 7.7 Tipos de cabos utilizados em cabeamento *backbone*.
Fonte: figura da esquerda: Rob Bouwman/Hemera/Thinkstock; figura da direita: Mathisa_s/iStock/ Thinkstock.

> **DEFINIÇÃO**
> TIA/EIA 569-B é uma norma que especifica caminhos (eletrocalhas, eletrodutos, etc.), rotas (angulações, números de curvas, etc.) e espaços (salas), nos quais os equipamentos e os meios de telecomunicações serão instalados, inclusive *wireless*.

> **DEFINIÇÃO**
> *Patch cord* é um segmento de cabo que pode ser de par trançado ou fibra óptica. É utilizado para conexão entre tomada de telecomunicações e computador ou entre *patch* painel – nesse caso, o chamamos de manobra.

> **DICA**
> Os *patch cords* devem ser feitos com fios de cobre do tipo flexível, pois são mais maleáveis e resistentes do que os cabos com fios rígidos (maciço).

Sala de Telecomunicações

Essa área (que pode ser substituída por Armário de Telecomunicações) é responsável pela distribuição do cabeamento através dos andares, estando presente dentro ou próximo à Sala de Equipamentos.

Entre as características técnicas da Sala de Comunicações, podemos destacar (TELECOMMUNICATIONS INDUSTRY ASSOCIATION, 1998):

- É recomendado que se disponha de uma Sala de Telecomunicações quando atender uma área superior a $1.000m^2$, em vez de um armário de telecomunicações.
- Salas ou Armários de Telecomunicações adicionais são necessários quando o comprimento do Cabeamento Horizontal for maior do que 90m.
- Dentro da sala, o sistema de climatização e umidade deverá funcionar 24 horas por dia, 365 dias por ano, com temperaturas variando entre 18° e 24° e umidade entre 30 e 55%.
- Nessa sala ou armário, é encontrado um *rack* de telecomunicações, e a estrutura de Cross-Connect (*patch* painel, blocos de distribuição, etc.) que interliga o *backbone*, o Cabeamento Horizontal e as tomadas de telecomunicações.
- Manobras ou *patch cords* e terminadores são encontrados nessa área.
- Acomoda switches, hubs, servidores de menores, entre outros ativos de menor porte.
- Utilizada como ponto de conexão entre os Cabeamentos *Backbones* quando houver interligação entre prédios.
- Pode ser vista como uma Sala de Equipamentos de menor capacidade e complexidade.
- Deve possuir pelo menos 540 lux para que não haja problemas em operações de manutenção do cabeamento ou identificações de componentes ou terminais.
- Seu aterramento deve estar ligado ao sistema de aterramento central do prédio.
- A porta de acesso à sala deve ter, no mínimo, 910mm × 2.000mm.
- Não deve haver duto de água e deve ser evitada concentração ou distribuição elétrica a partir da sala.
- Uma vez que a distribuição do cabeamento deve ser aérea, evitar o uso de teto falso.

A Figura 7.8 mostra uma típica Sala de Telecomunicações.

Figura 7.8 Sala de Telecomunicações.
Fonte: Fuse/Thinkstock.

Cabeamento Horizontal

A função desse cabeamento é interligar a estrutura de Cross-Connect Horizontal localizada na Sala de Telecomunicações com as tomadas de telecomunicações das Áreas de Trabalho. A Figura 7.9 mostra essa interligação.

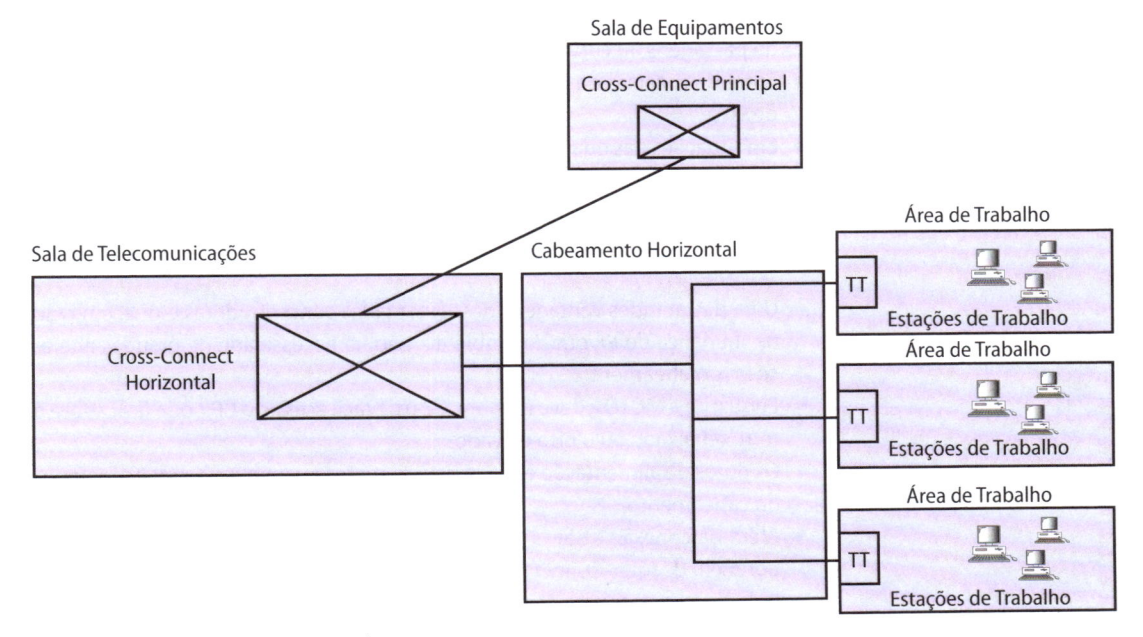

Figura 7.9 Cabeamento Horizontal.
Fonte: dos autores.

A distância máxima entre o Cross-Connect Horizontal e as tomadas de telecomunicações na Área de Trabalho deve ser de até 90m. Os 10m restantes para completar os 100m do cabo de par trançado são divididos da seguinte forma: 5m para a Área de Trabalho e 5m para as manobras no Cabeamento Horizontal (3m para a manobra no *patch* painel e 2m para ligação no equipamento). Esses *patch cords* para as duas manobras devem ser do tipo flexível.

Outras características do Cabeamento Horizontal podem ser resumidas da seguinte forma:

- Os cabos que compõem essa área ou subsistema são instalados em dutos. Tais cabos tanto podem ser embutidos no piso ou dispostos em eletrocalhas suspensas fixadas ao teto.
- Dependendo por onde o cabeamento passa, é importante observar a necessidade de cabos especiais, de acordo com a norma NBR 14.705.
- Os cabos reconhecidos pelo Cabeamento Horizontal são: cabo U/UTP, F/UTP e SF/UTP com quatro pares de 100 ohms (mínimo 5e). Fibra óptica multimodo 62,5/125µm ou 50/125µm.
- Deve ser instalado em topologia estrela, sendo que cada ponta está ligada a uma tomada de telecomunicações.
- Cabos diferentes do padrão de Cabeamento Horizontal como fibra monomodo ou coaxial de 75 ohms poderão ser utilizados desde que sejam instalados em conjunto com no mínimo dois pontos padronizados.
- A ocupação e a disposição dos dutos, bem como seu cabeamento, devem ser avaliadas em relação ao crescimento futuro.
- Os segmentos de dutos não podem ser superiores a 30m a partir das caixas de passagens ou curvas.
- Entre duas caixas de passagens não devem existir mais do que duas curvas de 90°.
- Em situações nas quais as Áreas de Trabalho ficarão em grandes espaços, com pouca ou nenhuma divisória, podem ser utilizados soluções como MUTOA (*Multi-User Telecommunications Outlet*) ou CP (*Consolidation Point*).
- A tomada de telecomunicações MUTOA deve atender entre 6 e 12 Áreas de Trabalho.
- Uma das grandes vantagens dessas tomadas concentradoras é que, em caso de mudança de *layout* do ambiente, não há necessidade de grandes alterações no cabeamento.
- Enquanto a MUTOA deve ficar em local de fácil acesso, o CP pode ficar sobre o forro rebaixado ou o piso elevado.
- Os dutos de alimentação elétrica devem ser feitos em outros dutos separados do cabeamento.
- Além da conexão através Cross-Connect, ainda é possível fazer essa ligação por meio de Inter-Connect (interconexão), na qual o elemento ativo é conectado diretamente ao *patch* painel. Nesse tipo de solução, um *patch* painel é eliminado.

> **» DEFINIÇÃO**
> **NBR 14.705** é uma norma ABNT que especifica caminhos (eletrocalhas, eletrodutos, etc.), rotas (angulações, números de curvas, etc.) e espaços (salas), nos quais os equipamentos e os meios de telecomunicações serão instalados, inclusive wireless.

A Figura 7.10 mostra a diferença entre os tipos de conexão cruzada Cross-
-Connect e Inter-Connect.

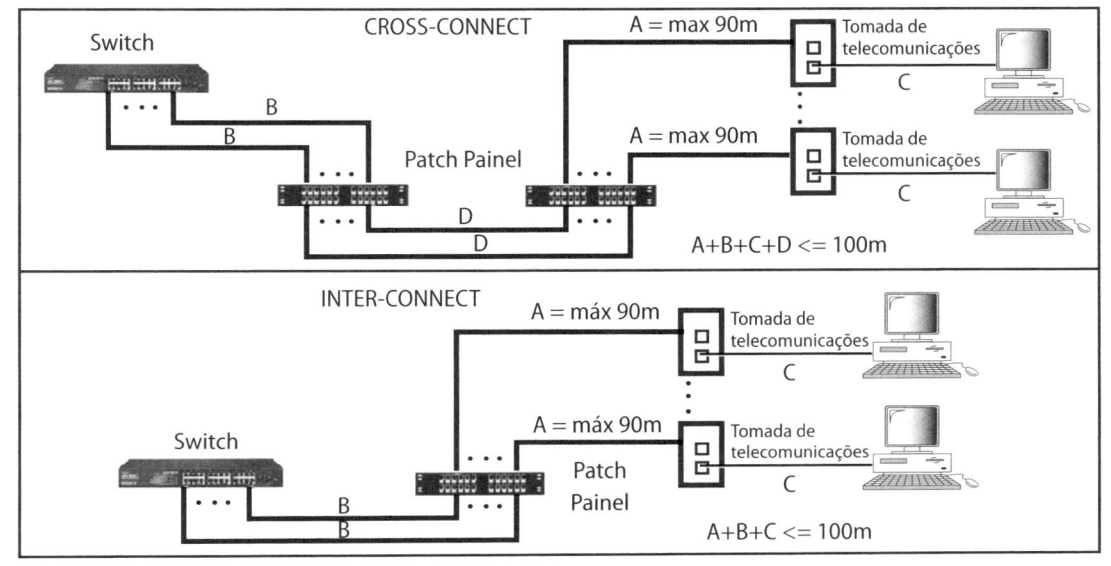

Figura 7.10 Diferenças entre Cross-Connect e Inter-Connect.
Fonte: dos autores.

Área de Trabalho

Local onde o usuário utiliza seus equipamentos da rede (computadores, impressoras, telefones, etc.). Essa área também é caracterizada por representar as terminações do cabeamento.

A Figura 7.11 apresenta um esquema de uma Área de Trabalho padrão.

Figura 7.11 Área de Trabalho padrão.
Fonte: Elenathewise/iStock/Thinkstock.

Dentre as especificações e recomendações da norma para essa área, destacamos:

- O tamanho padrão da Área de Trabalho é de 10m^2.
- São necessárias, no mínimo, duas tomadas de telecomunicações, sendo pelo menos uma com cabo de par trançado categoria 5e ou superiores. A outra pode ser uma fibra óptica multimodo ou outro par trançado.
- No caso de tomadas de par trançado, o conector da tomada deve ser o fêmea.
- Os cabos de par trançados devem utilizar um dos padrões aplicáveis: T568A ou T568B.
- A diferença básica entre os dois padrões está nas posições dos pares 2 (par laranja) e 3 (par verde). No padrão T568A, o par 2 está nos pinos 3 e 6, e o par 3 está nos pinos 1 e 2. No padrão T568B, o par 2 está nos pinos 1 e 2, enquanto o par 3 está nos pinos 3 e 6.
- Os pares 1 e 4 usam os mesmos pinos, independentemente do padrão. O par 1 usa os pinos 4 e 5, e o par 4 usa os pinos 7 e 8.
- A distância mínima aplicada do piso até à tomada de telecomunicações deverá ser de 30 centímetros.
- Os *patch cords* devem identificar suas Áreas de Trabalho. Paralelamente, sua posição dentro da Sala de Equipamentos deve ser identificada.

> **DICA**
> O padrão T568A foi definido na norma EIA/TIA 568-A, enquanto que o padrão T568B foi definido na norma EIA/TIA 568-B.

A Figura 7.12 ilustra a configuração dos quatro pares para os dois padrões.

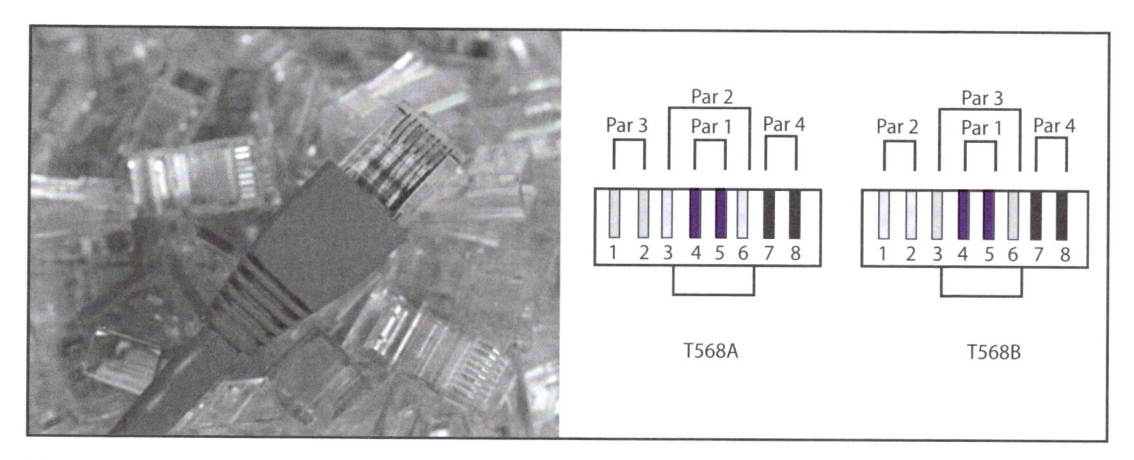

Figura 7.12 Padrões T568A e T568B. Par 1 = azul/branco azul; Par 2 = branco laranja/laranja; Par 3 = branco verde/verde; Par 4 = branco marrom/marrom.
Fonte: iStock/Thinkstock.

» Agora é a sua vez!

1. Por que a norma estabelece uma limitação de distância para os lances num cabeamento estruturado?
2. Quais são as principais áreas envolvidas em um cabeamento estruturado?
3. Quais os tipos de cabos que podem ser utilizados em *backbone*?
4. Qual é a diferença entre uma conexão Cross-Connect de uma conexão Inter-Connect?
5. Quais são os objetivos das normas ANSI/EIA/TIA 568, ANSI/EIA/TIA 569, ANSI/EIA/TIA 606 e ANSI/EIA/TIA 607?
6. Descreva as principais características dos componentes do Cabeamento Estruturado.

REFERÊNCIA

TELECOMMUNICATIONS INDUSTRY ASSOCIATION. *TIA/EIA 569-B*: commercial building standard for telecommunications pathways and spaces. [Stokie: Anixter, 1996].

LEITURAS COMPLEMENTARES

AMERICAN NATIONAL STANDARDS INSTITUTE. ELECTRONIC INDUSTRIES ALLIANCE. TELECOMMUNICATIONS INDUSTRY ASSOCIATION. *TIA-942*: telecommunications infrastructure standard for data centers. Arlington: ANSI/EIA/TIA, 2005.

AMERICAN NATIONAL STANDARDS INSTITUTE. TELECOMMUNICATIONS INDUSTRY ASSOCIATION. *ANSI/TIA-568-C.0*: generic telecommunications cabling for customer premises. Arlington: ANSI/TIA, 2009.

AMERICAN NATIONAL STANDARDS INSTITUTE. TELECOMMUNICATIONS INDUSTRY ASSOCIATION. *ANSI/TIA-568-C.1:* commercial building telecommunications cabling. Arlington: ANSI/TIA, 2009.

AMERICAN NATIONAL STANDARDS INSTITUTE. TELECOMMUNICATIONS INDUSTRY ASSOCIATION. *ANSI/TIA-568-C.2*: balanced twisted-pair telecommunications cabling/infrastructure. Arlington: ANSI/TIA, 2011.

AMERICAN NATIONAL STANDARDS INSTITUTE. TELECOMMUNICATIONS INDUSTRY ASSOCIATION. *ANSI/TIA-568-C.3*: optical fiber cabling components. Arlington: ANSI/TIA, 2008.

ASSOCIAÇÃO BRASILEIRA DE NORMAS TÉCNICAS. *NBR 14565*: cabeamento de telecomunicações para edifícios comerciais. Rio de Janeiro: ABNT, 2013.

COELHO, P. E. *Projeto de redes locais com cabeamento estruturado*. Belo Horizonte: Instituto Online, 2003.

MARIN, P. S. A TIA (Telecommunications Industry Association) publica as novas normas para cabeamento de telecomunicações em edifícios comerciais. *Dr. Paulo Marin:* engenharia & infraestrutura em TI. São Paulo, 2009. Disponível em: <http://www.paulomarin.com/june.html>. Acesso em: 25 fev. 2014.

MARIN, P. S. *Cabeamento estruturado:* desvendando cada passo: do projeto à instalação. 3. ed. São Paulo: Érica, 2010.

REDE NACIONAL DE ENSINO E PESQUISA. O que é qualidade de serviço (QoS). *Notícias RNP*. Rio de Janeiro, 2003. Disponível em: <https://www.rnp.br/noticias/2003/not-031017b-coord.html>. Acesso em: 10 mar. 2014.

ROSSI, F. Data Center II: técnicas e práticas para a construção de uma instalação segura. *Teleco*: tutoriais infraestrutura. São José dos Campos, 2013. Disponível em: <http://www.teleco.com.br/tutoriais/tutorialdcseg2/default.asp>. Acesso em: 20 mar. 2014.

TANENBAUM, A. S.; WETHERALL, D. J. *Redes de computadores*. 5. ed. São Paulo: Pearson Education – Br, 2011

capítulo 8

Estrutura de Data Center

O sucessivo aumento do nível da informatização nas últimas décadas gerou uma necessidade de infraestrutura para suportar toda uma plataforma de equipamentos de TI, como servidores, roteadores, switches e desktops. Essa infraestrutura, chamada de Data Center, hospeda os equipamentos e possui outras funções, que vão desde a garantia de segurança física até a disponibilidade ininterrupta das informações. Neste capítulo, estudaremos a estrutura de um Data Center sob o ponto de vista conceitual, abordando também suas funções e tecnologias.

Objetivos de aprendizagem

- » Reconhecer os conceitos relacionados ao Data Center.
- » Identificar as principais características, estruturas físicas e tipos de Data Center.
- » Interpretar a função das normas relacionadas à estrutura de um Data Center.
- » Reconhecer a necessidade da busca por eficiência energética dentro de ambientes de Data Center.

>> Introdução

Por volta do início da década de 1970, surgia o conceito de **Centro de Processamento de Dados** (CPD), geralmente sistemas computacionais de arquiteturas centralizadas que eram operados por empresas de grande porte ou governos. Essas estruturas eram pontuais e, em geral, ocupavam pequenas áreas. O foco dos CPDs era a segurança física dos equipamentos e a proteção das informações.

Com o passar do tempo, os sistemas computacionais distribuídos evoluíram, e a informatização, sobretudo com o advento e a expansão da Internet, popularizou o uso dos recursos computacionais. De acordo com o IBGE (Brasil, 2014), o número de residências com computadores triplicou nos últimos 10 anos, chegando a quase 40% das casas no Brasil.

Assim, a oferta de serviços disponíveis por meio da informatização criou uma grande demanda por áreas que comportassem sistemas computacionais de médio e grande porte. Os CPDs, então, não tinham mais estrutura física nem capacidade de oferecer serviços externos para atender essa demanda. Com isso, surgiu um novo conceito de infraestrutura: os **Data Centers**. A seguir, vamos esclarecer e detalhar conceitos e funções relacionados à infraestrutura de Data Center.

>> Características dos Data Centers

Analisando-os como uma evolução dos antigos CPDs, os Data Centers têm características herdadas de seu antigo predecessor. Prover segurança, em um ambiente de processamento de dados, pode ser o melhor exemplo nessa evolução.

Os Data Centers evoluíram tanto do ponto de vista da prestação de serviços quanto de suas tecnologias de infraestrutura. Sob o aspecto físico, dentre outros, destacamos: os sistemas de geração de energia e UPS (*uninterruptible power supply*); os sistemas de arrefecimento ou climatização de ar; a segurança física e o sistema de combate a incêndio.

Adicione a essa sólida infraestrutura de missão crítica, sistemas de processamento, grande capacidade de armazenamento e redes redundantes de alta velocidade. Com isso, temos um cenário perfeito para a prestação de serviços de TI.

A seguir detalhamos um pouco mais alguns dos principais sistemas de infraestrutura.

» Sistemas de geração de energia

Um dos sistemas vitais de um Data Center é o **fornecimento de energia** aos sistemas computacionais. Ele possui subsistemas auxiliares que ajudam quando há interrupção no fornecimento pela concessionária pública. A partir da UPS há o encaminhamento dos circuitos elétricos até as estruturas chamadas **PDU** (*Power Distribution Units*) – unidades de distribuição onde são instalados disjuntores que, por sua vez, alimentam os equipamentos de TI.

A Figura 8.1 mostra a interligação desses componentes e sua estratégia na manutenção do fornecimento de energia.

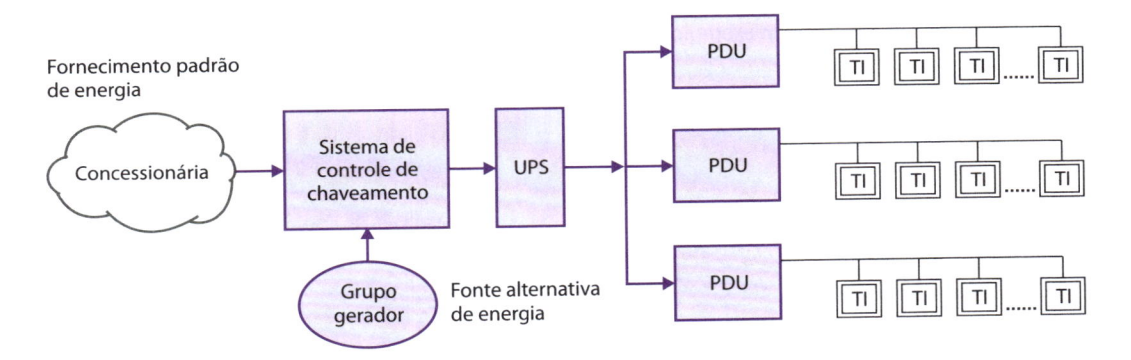

Figura 8.1 Esquema de fornecimento de energia de um Data Center.
Fonte: dos autores.

A fonte primária de fornecimento de energia para um Data Center é a concessionária de serviços públicos. Algumas variações na estratégia de fornecimento de energia da empresa concessionária preveem duas entradas de energia independentes. Devido ao porte ou a previsão de consumo, esse fornecimento de energia geralmente é feito em média tensão.

O Quadro 8.1 mostra as funções das tensões padrão e suas funcionalidades.

> » **IMPORTANTE**
> O que define a potência máxima da carga energética de um Data Center é a capacidade de geração de energia a partir de seus geradores.

Quadro 8.1 » Tipos de tensão elétrica

Tipo	Faixa	Função
Baixa	127v ou 220v	Uso doméstico
Média	15kv ou 25kv	Distribuição dentro de cidades ou empresas
Alta	Acima de 69kv	Linha de distribuição entre regiões

Geradores

Na falta de energia da empresa concessionária, entram em ação os **grupos geradores**, os quais geralmente são alimentados a diesel, gás natural ou outro combustível alternativo. Embora sejam bastante eficientes, até que os geradores entrem com sua carga total, a energia leva certo tempo para ser reestabelecida. Esse período com falta de energia, que varia de acordo com o fornecedor, impossibilita que os sistemas computacionais permaneçam ativos. A Figura 8.2 mostra um exemplo de gerador utilizado em estruturas de Data Center.

> **» ATENÇÃO**
> Os geradores podem ser utilizados de forma independente ou podem trabalhar em conjunto em uma configuração chamada de usina, em que todas as máquinas trabalham como se fossem apenas uma.

Figura 8.2 Gerador utilizado em Data Center.
Fonte: jaypetersen/iStock/Thinkstock.

Uninterruptible power supply

A situação em que os geradores precisam de um tempo para assumir toda a carga dos sistemas computacionais é resolvida como o uso de **UPS** (*uninterruptible power supply*), também conhecidos como *no-break*. A função desse subsistema é manter o nível de tensão padrão por meio da energia armazenada em seu banco de baterias. A UPS assume a carga por alguns minutos até que o gerador estabeleça sua carga total. Para que esse mecanismo funcione de forma eficiente e automática, é necessária uma unidade de controle que identifique a falta e o retorno da energia. Na Figura 8.1 esse componente é representado pelo Chaveamento do Controle.

A Figura 8.3 mostra um exemplo de um banco de baterias de uma UPS.

Figura 8.3 Banco de baterias de uma UPS.
Fonte: minemero/iStock/Thinkstock.

>> CURIOSIDADE

Uma nova tecnologia em UPS está surgindo no mercado de infraestrutura de Data Center. Trata-se do UPS Dinâmico, que consiste basicamente em um sistema de não interrupção do fornecimento de energia sem o uso de banco de baterias.

>> Sistema de arrefecimento ou climatização

Na manutenção de ambientes de missão crítica como Data Center, o **sistema de arrefecimento ou climatização** tem um papel fundamental, principalmente devido à sensibilidade dos equipamentos de TI. Um sistema

> **DEFINIÇÃO**
> **BTU** (*British Thermal Unit*) significa a quantidade de energia necessária para se elevar em um grau Fahrenheit a temperatura em uma libra de água.

de climatização ineficiente, além de causar risco à integridade dos dados armazenados, pode causar indisponibilidade das aplicações ou sistemas e reduzir a vida útil dos equipamentos.

A principal característica do sistema de climatização é a utilização de equipamentos de ar condicionado de precisão. Equipamentos de ar condicionado de precisão se diferem de sistemas de ar condicionado domésticos, pois são projetados para funcionar em regime 24 horas por dia, 7 dias por semana e 365 dias por ano. Outra característica desse tipo de equipamento é sua capacidade de escalabilidade; ou seja, à medida que é necessário aumentar sua potência, é possível adicionar módulos extras para atender à demanda.

Devido à grande quantidade de climatização normalmente utilizada em um Data Center, não utilizamos a unidade padrão BTU (*British Thermal Unit*). Nesse caso, é utilizada a unidade de **TR** (Tonelada de Refrigeração).

No Quadro 8.2, segue uma relação entre as unidades de refrigeração e de energia. Essa relação em um Data Center é muito importante, pois geralmente os equipamentos ativos nesses ambientes (servidores, *storages*, roteadores, etc.) têm suas potências de consumos medidas em W (watts).

Quadro 8.2 » Equivalência entre unidades de refrigeração

1 TR	12.000 BTU/h	3.024 kcal/h	3.516,8 W

Uma vez definido que o TR é a unidade de refrigeração adequado em ambientes de missão crítica, é preciso ter uma estratégia eficiente para a distribuição do resfriamento por todos os equipamentos em um Data Center. A técnica utilizada é dividir o ambiente em corredores quentes e frios, alternadamente, entre as filas de racks dos equipamentos. A Figura 8.4 ilustra uma planta baixa de um Data Center, em que é possível visualizar essa diferença entre os corredores.

Nessa técnica, o ar frio é insuflado através do piso elevado (falso) e sobe pelo corredor frio. As máquinas sugam esse ar, o que proporciona o resfriamento interno, resultando na saída de ar quente na parte traseira dos equipamentos – representado pelos corredores quentes. Esse ar, por sua vez, é sugado por exaustores colocados no teto acima dos corredores quentes e volta aos equipamentos de ar condicionado, onde será resfriado novamente.

A Figura 8.5 mostra uma visão longitudinal (corte transversal) da Figura 8.4. Nela é demonstrado mais claramente o movimento do fluxo de ar condicionado dentro de um Data Center. É possível verificar que as setas pretas representam o movimento do ar frio, enquanto que as setas roxas representam o ar quente após passar pelas máquinas dentro dos racks.

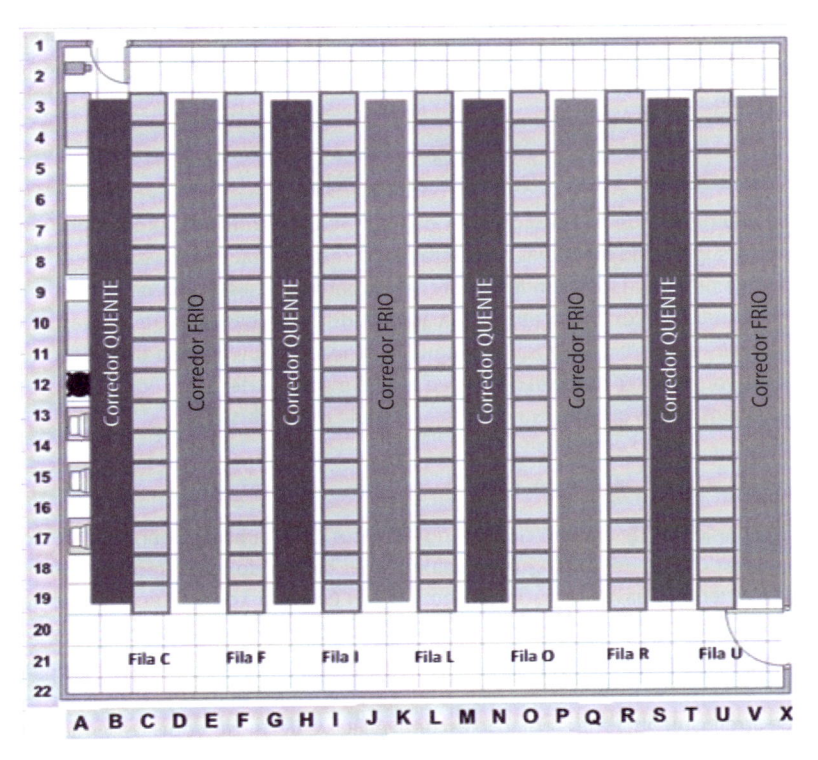

Figura 8.4 Visão da configuração de ar (corredores quentes e frios).
Fonte: dos autores.

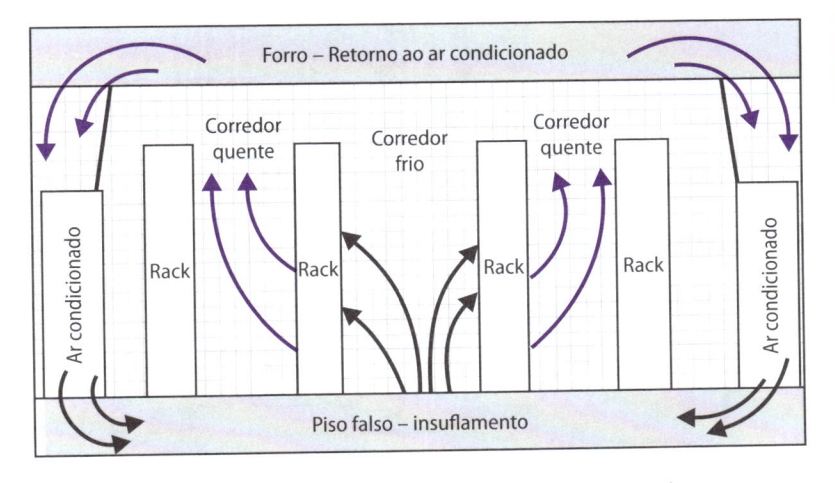

Figura 8.5 Esquema longitudinal do movimento do ar condicionado.
Fonte: dos autores.

> **» ATENÇÃO**
> Os computadores e servidores devem ser instalados sempre com suas frentes voltadas para os corredores frios. Caso contrário, o fluxo de ar não seguirá naturalmente, causando ineficiência do sistema de climatização.

capítulo 8 » Estrutura de Data Center

129

Por fim, os sistemas de climatização de precisão utilizados em Data Center são classificados, geralmente, em dois tipos. A seguir, detalharemos suas principais características.

Climatização *Self Contained* a ar e à água

Equipamentos de ar condicionado do tipo **Self Contained**, como o próprio nome sugere, são máquinas completas em si mesmas, ou seja, possuem em um só gabinete unidades condensadoras e evaporadoras. Esse tipo de tecnologia pode utilizar a condensação a ar e à água. A distinção básica entre as duas tecnologias é que na condensação à água há a necessidade de uma torre de arrefecimento. Por ter capacidade de pequeno a médio porte, esses equipamentos possuem cargas que podem variar no mercado entre 3 a 30 TRs.

Climatização *Fan Coil*

Equipamentos de ar condicionado do tipo **Fan Coil**, também conhecido como *Fan Coil/Chiller*, utilizam água gelada no lugar de líquido refrigerante. Seu funcionamento é bastante peculiar: entre os *Fan Coils* e o *Chiller*, há circulação de água gelada graças às bombas de água gelada (BAG) – dutos em roxo claro na Figura 8.6, permitindo que os *Fan Coils* insuflem ar frio para dentro do ambiente. A condensação realizada no *Chiller* é feita graças à água que circula até as torres de arrefecimento (dutos em roxo escuro). A Figura 8.6 mostra que, dependendo da solução de redundância desse sistema de climatização, é possível dispor várias máquinas de *Chillers*, o que permite uma maior redundância na refrigeração.

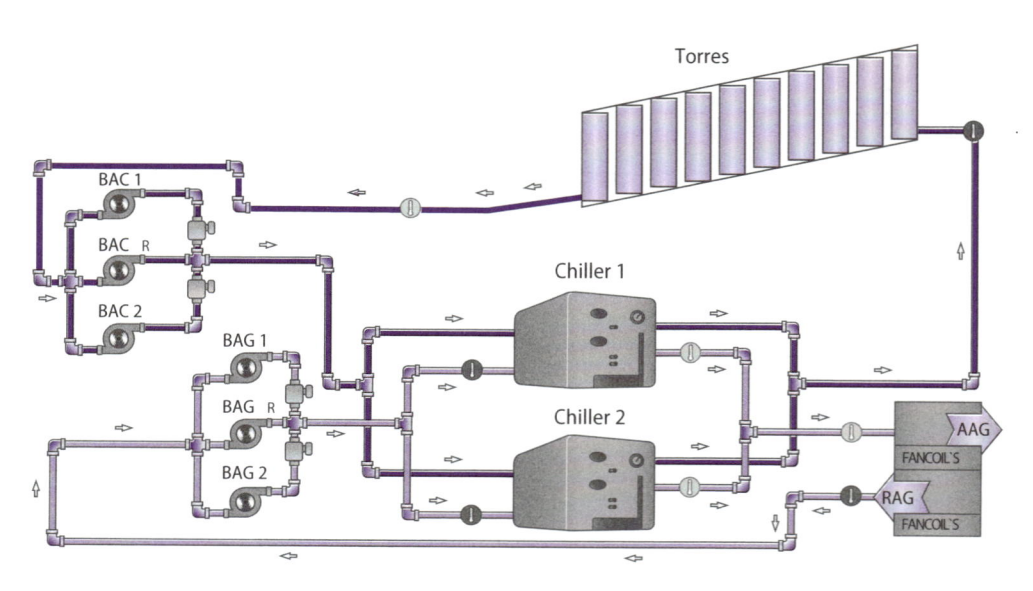

> **» IMPORTANTE**
> **Condensadora** é a unidade do equipamento de ar condicionado responsável pela transferência do calor do fluido refrigerante para fora do ambiente. Já a unidade **evaporadora** transfere o calor do ambiente interno para o fluido refrigerante.

Figura 8.6 Esquema da estrutura de um Fan Coil.
Fonte: Thiago André Severo de Moura.

Pela Figura 8.6, também é possível perceber que esse sistema é composto basicamente de *Fan Coils*, *Chiller*, Torres, além de bombas d'águas.

> ## » CURIOSIDADE
>
> Você sabia que pelo menos metade da energia consumida em um Data Center é gasta somente com o sistema de climatização?

Por fim, em um ambiente de Data Center, não há uma solução ideal para implementação do sistema de refrigeração. As soluções de mercado são bastante variadas. A grande vantagem é que essas diversas tecnologias podem trabalhar em conjunto, permitindo uma maior redundância de refrigeração no ambiente.

» Sistema de combate a incêndio

Como já foi mencionado, um Data Center é um ambiente que concentra grande quantidade de energia, além de muitos equipamentos eletrônicos que geram calor. O próprio sistema de climatização é um potencial candidato a focos ou fonte de incêndio. Portanto, a regra básica e inadiável é **manter a documentação e alvarás do Corpo de Bombeiros em dia**.

Várias ações devem ser tomadas para que a política de prevenção seja eficiente. Tais ações vão desde treinamento para as equipes técnicas do Data Center, disponibilização de extintores adequados colocados em pontos estratégicos, fornecimento de Equipamentos de Proteção Individual (EPI), além de outras estratégias de prevenção que detalharemos mais adiante.

Figura 8.7 Tudo pega fogo.
Fonte: Sasa Komlen/iStock/Thinkstock.

> **ATENÇÃO**
> Parece óbvio, mas qualquer objeto pode entrar em combustão. Essa dica NUNCA pode ser esquecida quanto se trata de combate a incêndio.

Treinamento

Nenhuma tecnologia ou sistema de prevenção contra incêndio substitui a necessidade de **capacitação** das equipes para um eventual incidente. Outro ponto importante no quesito recursos humanos é ter uma equipe de bombeiros 24h por dia dentro do ambiente do Data Center.

Para qualificar as equipes, inicialmente, um treinamento de **brigada de incêndio** é o mais indicado. Com essa qualificação, todas as pessoas que trabalham no ambiente podem ter uma noção básica do que se deve e não se deve fazer em situações como a evacuação do prédio e o combate a um pequeno princípio de incêndio, com a devida orientação sobre como manipular mangueiras e extintores, entre outros componentes relativos à prevenção.

Gás FM-200

Além dos extintores básicos (água, gás carbônico e pó químico) exigidos no Plano de Prevenção Contra Incêndio (PPCI), são comercializadas outras tecnologias que podem e devem ser utilizadas em um Data Center como uma proteção adicional.

Um dos sistemas mais utilizados nessa linha de prevenção é o **gás FM-200** (heptafluorpropano). Sua função é ligada ao combate a incêndio dentro das salas de TI, ou onde há equipamentos de alto valor financeiro e que, em caso de sinistro, não sejam danificados pelos resíduos do gás utilizado na extinção do incêndio. Esse gás é um dos mais limpos em extinção de fogo, é aceito internacionalmente e não danifica os equipamentos eletrônicos. Outra característica importante é que pode ser utilizado em ambientes como áreas de escritórios, pois é completamente inofensivo às pessoas.

A Figura 8.8 mostra cilindros utilizados pelo sistema do gás FM-200.

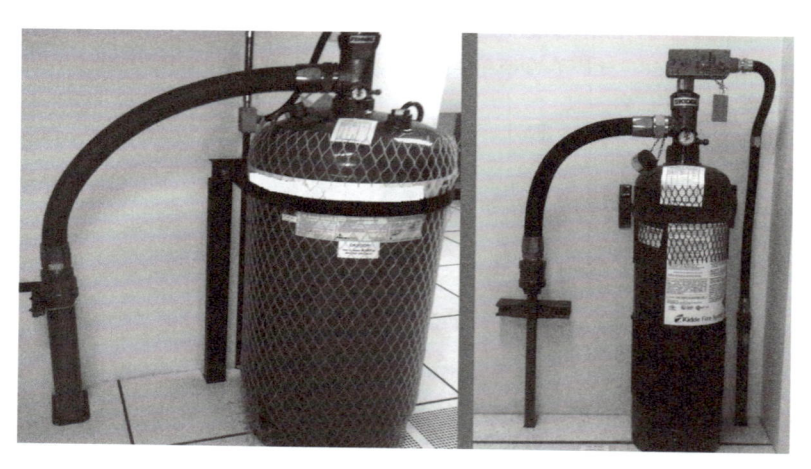

Figura 8.8 Ilustração de cilindro do Gás FM-200.
Fonte: dos autores.

No mercado há diversas outras estratégias de sistemas de gás para combate a incêndio. O gás IG-55 ou Oxyreduct são tecnologias chamadas de hipóxico, ou seja, atuam reduzindo o oxigênio do ambiente, causando assim a extinção do fogo.

Detecção de fumaça por aspiração

Outra forma de atuar no combate ao incêndio é por meio da prevenção. Existem no mercado vários sistemas que usam essa tecnologia. A ideia básica do funcionamento de sistemas com essa possibilidade é monitorar o ar por meio de um sistema ativo de alta sensibilidade, no qual se verifica o nível de fuligem do ambiente. Ao menor nível de partícula de fumaça, é acionado o alarme, que deve estar integrado a um sistema de gás para combater um eventual foco de incêndio.

A Figura 8.9 mostra uma pequena central de um sistema de detecção de fumaça por aspiração.

Figura 8.9 Imagem de central de detecção de fumaça por aspiração.
Fonte: dos autores.

» Segurança física

A **segurança física** é um dos itens mais observáveis quando se busca contratar o serviço de um Data Center, pois a garantia de sigilo e proteção de informações são fundamentais para a sua credibilidade.

Das diversas tecnologias nessa área podemos citar:

- Monitoramento por circuito fechado, conhecido como CFTV.
- Leitores biométricos, como impressões digitais, reconhecimento facial e da íris, entre outros.
- Cartões magnéticos.
- Sensores de presença.
- Sistema de controle de acesso automatizado.

Para promover um nível de segurança mais eficiente, é preciso que essas tecnologias trabalhem sincronizadas e integradas. A demonstração objetiva e clara da robustez do sistema de segurança (Figura 8.10) também é fundamental para tranquilidade de quem utilizará esse serviço.

Por fim, a gestão de todo esse sistema automático de segurança deve ser profissional, e essa equipe deve estar preparada para lidar com qualquer incidente que por ventura venha a acontecer.

> **» DICA**
> As tecnologias não param de crescer e evoluir nessa área, pois a demanda de segurança aumenta na medida em que, cada vez mais, as empresas confiam aos Data Centers seus principais ativos.

> **» ATENÇÃO**
> A implementação de processos e procedimentos operacionais padronizados também é fundamental para o sucesso da segurança física.

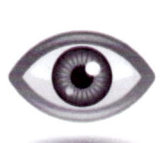

Figura 8.10 Demonstração de segurança.
Fonte: O'Luk/iStock/Thinkstock.

» Áreas internas de um Data Center

Um aspecto importante na construção e definição de um Data Center é a descrição e funcionalidade de suas áreas internas. De acordo com a ANSI/TIA-942 (AMERICAN NATIONAL STANDARDS INSTITUTE, 2005), essas áreas são:

ER (*Entrance Room* ou Sala de Entrada): local ou área onde se encontram as conexões de entrada de telecomunicações e de energia.

MDA (*Main Distribution Area* ou Área de Distribuição Principal): área central onde está localizado o ponto de distribuição para o sistema de cabeamento estruturado.

HDA (*Horizontal Distribution Area* ou Área de Distribuição Horizontal): espaço que suporta o cabeamento proveniente da MDA e destinado para as áreas EDAs.

ZDA (*Zone Distribution Area* ou Área de Distribuição Local): área na sala de computadores onde estão localizadas as caixas de distribuição que contêm as tomadas de telecom.

EDA (*Equipment Distribution Area* ou Área de Distribuição de Equipamentos): área destinada para equipamentos, como servidores e elementos de rede ativos.

A Figura 8.11 ilustra as áreas dentro de um Data Center.

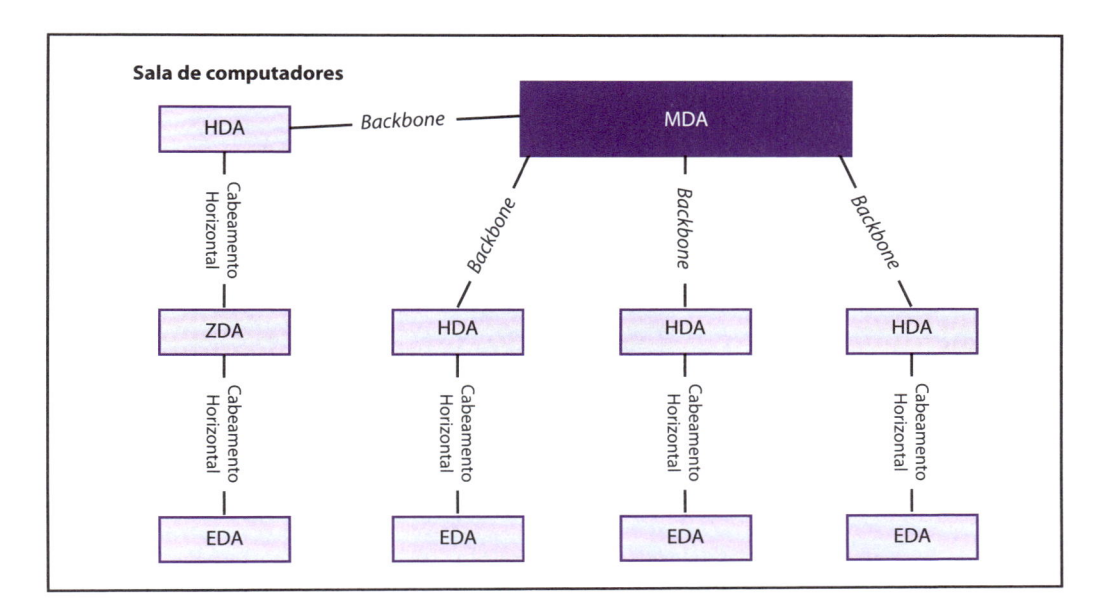

Figura 8.11 Áreas internas do Data Center e seu sistema de cabeamento.
Fonte: dos autores.

❯❯ Classificação dos Data Centers

Identificamos as principais estruturas e tecnologias que são utilizadas em um Data Center. Porém, ainda é preciso entender um pouco mais sobre essas estruturas. Na literatura, é dada ênfase técnica à classificação para qualificar melhor seus conceitos.

No nosso caso, vamos sugerir uma classificação em duas dimensões. Em uma delas, vamos estruturar os conceitos de Data Center em relação à prestação de serviços que podem ser ofertados. No entanto, não podemos deixar de mencionar a classificação mais tradicional, aquela voltada à infraestrutura técnica que define níveis de disponibilidade de um Data Center.

A Figura 8.12 mostra um exemplo de edificação típica de um Data Center.

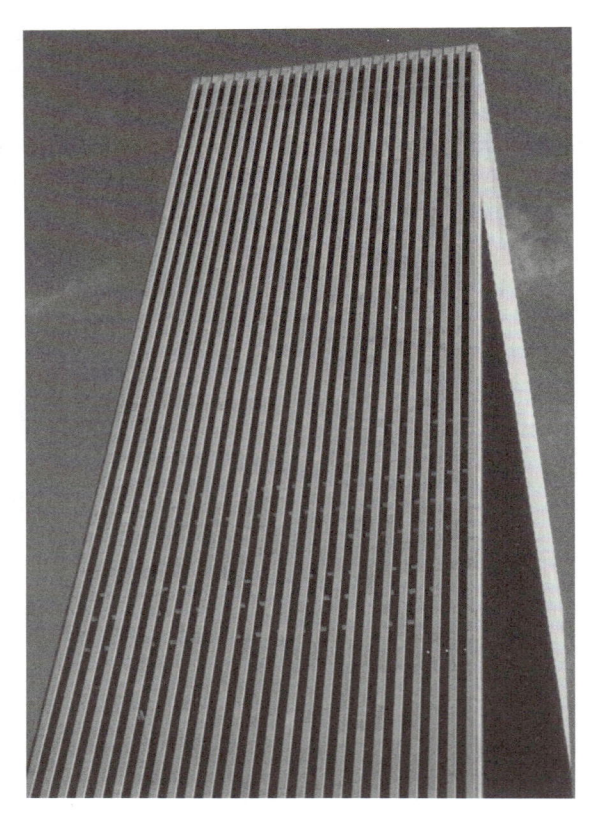

Figura 8.12 Edificação típica de Data Center.
Fonte: dos autores.

» Quanto à prestação de serviço

Os serviços oferecidos por um Data Center são voltados a empresas comerciais, governos, bancos, indústrias, etc. São os chamados **IDC** (*Internet Data Center*). Em situações específicas, como de algumas instituições financeiras, onde o nível de terceirização da área de TI é bastante pequeno, é preferível projetar, construir e administrar os próprios Data Centers, conhecidos como Data Center Particular ou PDC (*Private Data Center*). O objetivo do **PDC** é garantir o máximo de sigilo, segurança e continuidade das operações de TI, além de proteção adicional de dados e informações.

Já o IDC é construído por empresas de tecnologias voltadas a prestação de serviço de rede de comunicação de dados, Internet e TI. Nessa modalidade de Data Center são ofertados diversos tipos de produtos e serviços que, em geral, convergem para dois tipos básicos:

- Colocation: o cliente aluga um espaço físico, provido de energia, Internet, monitoramento básico, segurança física e lógica e climatização. No entanto, a operação dos sistemas de informação e toda sua gestão é feita pelo próprio cliente.
- Hosting: além de incorporar as funcionalidades ofertadas na modalidade de Colocation também pode oferecer:
  - Monitoramento de sistemas e aplicações.
  - Suporte a software básico, banco de dados e rede local.
  - Gerenciamento e execução de *backup*.
  - Implementação e orientação de boas práticas em segurança de informações.
  - Sistemas para resolução de nomes (*Domain Name System* – DNS).
  - *Firewalls* de proteção aos sistemas.
  - VPN (*Virtual Private Network*).

> **» DICA**
> Grandes operadoras globais de telecomunicações e médias empresas de tecnologia integradoras de soluções de Internet são, geralmente, usuárias de IDC.

» Quanto às características técnicas

Outra forma de classificar um Data Center é por meio de avaliações de critérios técnicos, os quais permitem determinar o grau de confiabilidade e disponibilidade dos sistemas de informações hospedados.

Os critérios para essa classificação estão descritas na norma **ANSI/TIA-942**, referente à padronização de infraestrutura e de telecomunicações para Data Centers. A classificação baseada nessa norma tem como tripé, ou base, os seguintes fatores:

Disponibilidade: é o tempo durante o qual o sistema está em operação em relação ao tempo em que ele deve estar em operação (MARIN, 2011).

A disponibilidade pode ser calculada da seguinte forma:

$$\text{Disponibilidade} = \text{MTBF}/(\text{MTBF} + \text{MTTR})$$

Onde:

MTBF = *Mean time between failure* (tempo entre falhas)
MTTR = *Mean time to repair* (tempo para reparo)

Confiabilidade: distribuição do tempo entre falhas de um sistema ou componente (MARIN, 2011).

A confiabilidade pode ser calculada da seguinte forma:

$$\text{Confiabilidade} = e^{(t/\text{MTBF})}$$

Onde:

MTBF = *Mean time between failure* (tempo entre falhas)
t = Quantidade de horas em que não é prevista a apresentação de falhas pelo sistema

Redundância: trata-se da duplicação de partes, módulos encaminhamentos, componentes e sistemas, com a finalidade de evitar o *downtown* (MARIN, 2011).

Classificação TIER

A norma ANSI/TIA-942 aplica o conceito de **TIER**, que consiste em especificações recomendadas para avaliar os aspectos de um projeto de Data Center. TIER também é um ponto de partida para iniciar os requisitos de projeto com arquitetos e engenheiros qualificados. A classificação Tier para Data Centers está relacionada diretamente ao nível de disponibilidade da infraestrutura e dos serviços oferecidos.

TIER I: infraestrutura básica

O Data Center TIER I não é utilizado comercialmente pelas grandes e médias empresas, pois não apresenta componentes redundantes em sua infraestrutura, sendo bastante suscetível a falhas ou paralizações de sua operação. Em relação à sua manutenção, os sistemas de TI devem ser desligados em caso de troca ou reparo de componente que precise ser desenergizado.

Figura 8.13 Usuário típico de Data Center TIER I.
Fonte: Thinkstock Images/Stockbyte/Thinkstock.

TIER II: infraestrutura de componentes de capacidade redundante

Possui um nível de redundância através de seus componentes de *facilities* (geração de energia, climatização, etc.). No entanto, os encaminhamentos ou infraestrutura de distribuição continuam como pontos únicos de falhas, e, caso haja necessidade de manutenção nessas áreas, é preciso desligar os equipamentos de TI, ocasionando indisponibilidade. No caso de alguma interrupção ou falha nessas áreas sem redundância, também pode haver indisponibilidade da sala dos computadores.

A Figura 8.14 mostra uma estrura básica de um Data Center TIER II.

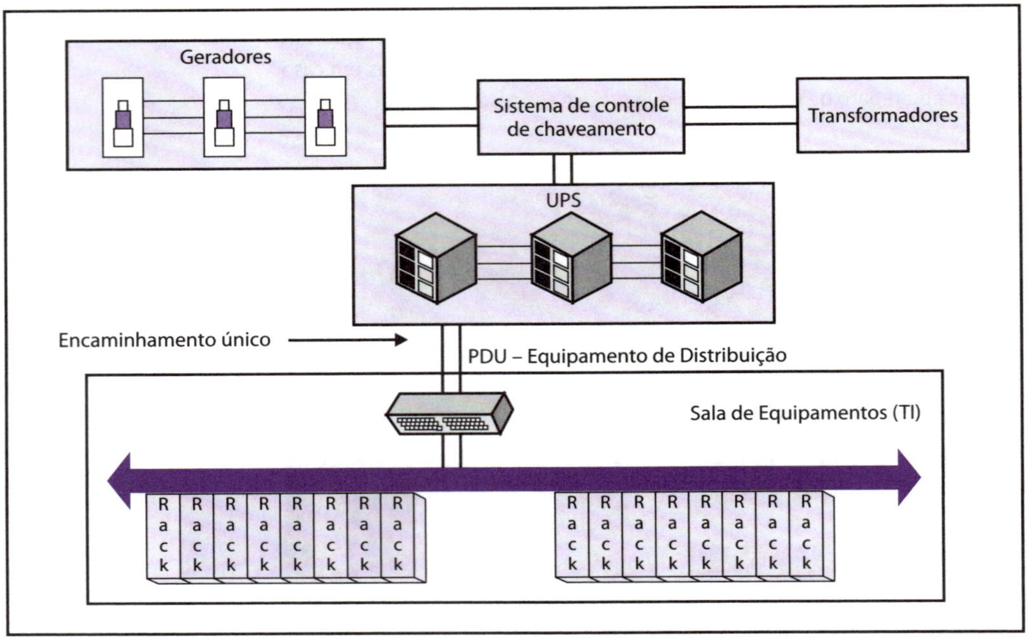

Figura 8.14 Exemplo de infraestruestrutura TIER II
Fonte: dos autores.

TIER III: infraestrutura com manutenção em tempo de operação

Nesse tipo de arquitetura, além da redundância dos componentes de infraestrutura mencionados no modelo TIER II, também há múltiplos encaminhamentos ou infraestrutura de distribuição embora, geralmente, somente um caminho esteja ativo.

Nesse caso, manutenções com desligamento de componentes podem ocorrer ao longo de todo o caminho entre geradores e consumidores de energia; entretanto, haverá a necessidade de um caminho completo estar sempre disponível. Por outro lado, a realização de manutenções em elementos energizados pode gerar um alto risco de indisponibilidade da sala de equipamentos.

Para que se obtenha total benefício e compatibilidade dessa infraestrutura, os equipamentos de TI, assim como os elementos de rede ativos, devem ter fontes redundantes para que possam se utilizar desses múltiplos meios de acesso, garantindo assim sua disponibilidade. Em caso de interrupção não planejada nos encaminhamentos ou elementos de distribuição, poderá ou não haver indisponibilidade da sala de computadores.

A Figura 8.15 mostra uma infraestrutura típica de um Data Center TIER III.

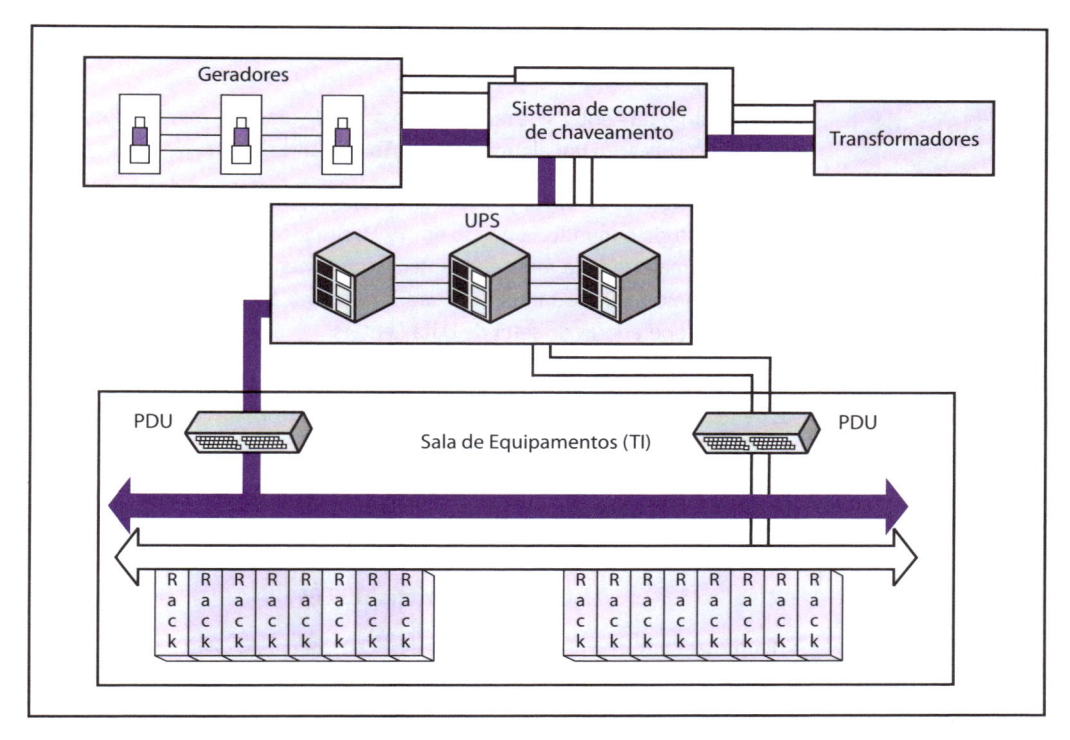

Figura 8.15 Exemplo de infraestruestrutura TIER III.
Fonte: dos autores.

TIER IV: infraestrutura tolerante a falhas

Infraestrutura mais completa em termos de tolerância a falhas e continuidade do serviço, de acordo com a norma ANSI/TIA-942.

Abaixo seguem as principais caracterísitica dessa certificação (AMERICAN NATIONAL STANDARTS INSTITUTE, 2005):

- Redundância "n" de seus componentes de *facilities*.
- Múltiplos encaminhamentos e componentes de distribuição.
- Falhas simples de sistemas ou componentes não impactam a operação da sala de equipamentos, pois os próprios sistemas se autocorrigem, permitindo a correção da falha automaticamente.
- Cada componente ou elemento ativo pode ser removido da estrutura em situações de manutenção, sem impactar a operação e continuidade dos serviços.
- Situações de princípio de incêndio ou incêndio podem causar a interrupção da operação do Data Center.

>> **ATENÇÃO**
A arquitetura TIER III pode ser suscetível a falhas ou erros operacionais que venham a causar indisponilidade do ambiente.

> **» NO SITE**
> De acordo com o Uptime Institute (2014), no Brasil há 15 Data Centers Tier III e somente um Data Center Tier IV. Visite o ambiente virtual de aprendizagem Tekne (**www.bookman.com.br/tekne**) e veja a lista completa.

> **» IMPORTANTE**
> A Certificação Tier já foi dada a mais de 360 empresas, em mais de 50 países. No Brasil, o Uptime já possui escritório em São Paulo.

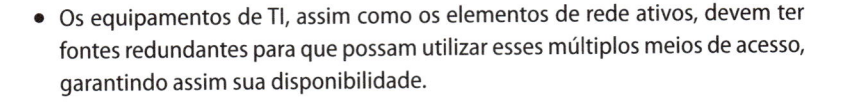

- Os equipamentos de TI, assim como os elementos de rede ativos, devem ter fontes redundantes para que possam utilizar esses múltiplos meios de acesso, garantindo assim sua disponibilidade.

Entidades certificadoras

Para que um Data Center seja reconhecido como de um determinado tipo, é necessária a certificação por alguma instituição específica.

O **Uptime Institute** é um órgão que detém direitos autorais para certificar Data Centers em todo o mundo. Fundado em 1993, situado em Santa Fé, nos Estados Unidos, é uma entidade respeitada internacionalmente. Além de certificações TIER, o Uptime Institute também presta serviços na área de Data Center para empresas e operadoras do setor de Data Centers.

Por meio do Uptime Institute Network, comunidade de profissionais de empresas de Tecnologia da área de Data Centers, é possível troca ou compartilhamento de informações entre parceiros que enfrentem problemas em comum.

O Quadro 8.3 resume as informações relativas aos 12 Data Centers mundiais TIER IV.

Quadro 8.3 » Lista de Data Centers TIER IV

Empresa	Data Center	País
Switch	SUPERNAP 8 MOD 1	Estados Unidos
Banco Santander Brasil S/A	Centro Tecnológico Campinas – DC1	Brasil
Banco Santander Brasil S/A	Centro Tecnológico Campinas – DC2	Brasil
Etihad Etisalat Company	Mobily, Melgha 2 Data Center	Arábia Saudita
EBRC	Resilience Centre South	Luxemburgo
Telefonica Global Technology	Centro de Tecnologias Digitales	Espanha
Nationwide Mutual Insurance Co.	Data Center East	Estados Unidos
US Bancorp	Olathe, Kansas	Estados Unidos
BBVA	Complejo Tecnologico Tres Cantos – CPD II	Espanha
Standard Bank of South Africa	Standard Bank Data Centre	África do Sul
Province of Ontario	Guelph Data Centre	Canadá
BMO Financial Group	Barrie, Ontario	Canadá
Nationwide Mutual Insurance Co.	Data Center North	Estados Unidos

Fonte: adaptado de Uptime Institute (2014).

>> Eficiência energética

A demanda crescente por energia dos novos Data Centers nos faz refletir sobre a viabilidade sustentável dessa indústria. Com base nessa reflexão, vêm surgindo alguns movimentos que buscam solucionar o problema da eficiência energética, como o chamado **Green Data Center**. O objetivo é buscar formas mais eficientes e econômicas de uso da energia, da água e de ar condicionado por meio do *Free Cooling*, para aumentar a sustentabilidade dos Data Centers.

A Figura 8.16 mostra a ideia da sustentabilidade entre tecnologia e meio ambiente.

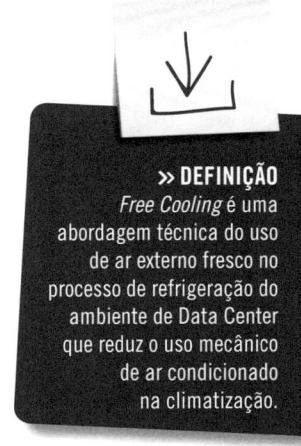

Figura 8.16 *Green Data Center.*
Fonte: Jeffrey Hamilton/Digital Vision/Thinkstock.

> **>> DEFINIÇÃO**
> *Free Cooling* é uma abordagem técnica do uso de ar externo fresco no processo de refrigeração do ambiente de Data Center que reduz o uso mecânico de ar condicionado na climatização.

>> Métricas

Dentro do conceito do *Green Data Center* há duas métricas importantes bem difundidas dentro da indústria de Data Center, que são o PUE (*Power Usage Effectiveness*) e o DCiE (*Data Center Infrastructure Efficiency*).

O **PUE** É uma métrica de cálculo de eficiência energética que pode ser definida pela seguinte fórmula:

$$PUE = \text{Total da Energia do Data Center}/\text{Energia consumida pelos equipamentos de TI}$$

O valor ideal para o PUE é 1, em que toda energia fornecida pelo Data Center deveria ser utilizada somente para os equipamentos de TI. De fato, boa parte da energia é destinada para alimentar a infraestrutura em si. Sistemas como ar condicionado, circuito fechado de televisão (CFTV), iluminação interna e externa, áreas administrativas, etc., entram no cálculo do PUE.

De acordo com os padrões utilizados hoje, temos os seguintes valores de PUE:

- PUE = 1,6 – Bom.
- PUE = 1,4 – Muito Bom.
- PUE = 1,2 – Excelente.

O **DCiE** é uma métrica que calcula a eficácia da infraestrutura de uma Data Center.

$$DCiE = (1/PUE) \times 100\%$$

No caso do DCIE, o valor ideal é 100%, que equivale ao PUE = 1.

Para ilustrar o uso dessas métricas de eficiência no uso de recursos, verifiquemos o seguinte exemplo:

>> EXEMPLO

Total da Energia do Data Center = 1.500kW
Energia consumida pelos equipamentos de TI = 910kW
PUE=Total da Energia do Data Center/Energia consumida pelos equipamentos de TI
PUE = 1.500/920 = 1,63
PUE = 1,63
DCiE = (1/PUE)×100%
DCiE = (1/1,63)×100%
DCiE = 61,25%

O Quadro 8.4 mostra a sugestão do Green Grid. Vamos verificar em que nível de eficiência energética está o nosso exemplo anterior:

Quadro 8.4 » **Nível de eficiência energética**

PUE	DCiE	Eficiência energética
3.0	33%	Muito ineficiente
2.5	40%	Ineficiente
2.0	50%	Médio
1.5	67%	Eficiente
1.2	83%	Muito eficiente

>> **NO SITE**
O Green Grid é uma associação de profissionais e empresas da área de tecnologia de TI que visa aumentar a eficiência energética dentro de Data Center, reduzindo seu consumo de energia melhorando sua relação custo-benefício. Para ter acesso ao site oficial da associação, visite o ambiente virtual de aprendizagem Tekne.

» Agora é a sua vez!

1. Quais são as principais características de um Data Center?
2. Qual é a quantidade de energia gasta por um Data Center para seu sistema de climatização?
3. Por que é necessário um sistema de combate a incêndio em um ambiente que possui um grande grau de monitoramento?
4. Qual é a principal diferença entre uma certificação TIER III e TIER IV?
5. De acordo com Green Grid, que ações você poderia sugerir em um Data Center para melhorar sua eficiência energética?
6. Qual é a importância e os benefícios de um Data Center?
7. No que difere um equipamento de ar condicionado de precisão de um ar condicionado doméstico?
8. Cite as diferenças entre Climatização *Fan Coil* e Climatização *Self Contained* a Ar e a Água.
9. Quais são as tecnologias de segurança disponíveis para Data Centers?
10. Descreva os tipos de Data Centers de acordo com o tipo de serviço disponibilizado.
11. Quais são as áreas internas de um Data Center?

REFERÊNCIAS

AMERICAN NATIONAL STANDARDS INSTITUTE. ELECTRONIC INDUSTRIES ALLIANCE. TELECOMMUNICATIONS INDUSTRY ASSOCIATION. *TIA-942*: telecommunications infrastructure standard for data centers. Arlington: ANSI/EIA/TIA, 2005.

BRASIL. MINISTÉRIO DO PLANEJAMENTO, ORÇAMENTO E GESTÃO. INSTITUTO BRASILEIRO DE GEOGRAFIA E ESTATÍSTICA. *Censo 2010*. Brasília: IBGE, 2014. Disponível em: <http://censo2010.ibge.gov.br/>. Acesso em: 20 mar. 2014.

MARIN, P. S. *Data centers*: desvendando cada passo: conceitos, projeto, infraestrutura física e eficiência energética. São Paulo: Érica, 2011.

UPTIME INSTITUTE. The Global Data Center Authority. [S.l: s.n, 2014]. Disponível em: <http://uptimeinstitute.com/>. Acesso em: 09 maio 2014.

LEITURAS COMPLEMENTARES

AMERICAN NATIONAL STANDARDS INSTITUTE. TELECOMMUNICATIONS INDUSTRY ASSOCIATION. *ANSI/TIA-568-C.0*: generic telecommunications cabling for customer premises. Arlington: ANSI/TIA, 2009.

AMERICAN NATIONAL STANDARDS INSTITUTE. TELECOMMUNICATIONS INDUSTRY ASSOCIATION. *ANSI/TIA-568-C.1*: commercial building telecommunications cabling. Arlington: ANSI/TIA, 2009.

AMERICAN NATIONAL STANDARDS INSTITUTE. TELECOMMUNICATIONS INDUSTRY ASSOCIATION. *ANSI/TIA-568-C.2*: balanced twisted-pair telecommunications cabling/infrastructure. Arlington: ANSI/TIA, 2011.

AMERICAN NATIONAL STANDARDS INSTITUTE. TELECOMMUNICATIONS INDUSTRY ASSOCIATION. *ANSI/TIA-568-C.3*: optical fiber cabling components. Arlington: ANSI/TIA, 2008.

ARREGOCES, M. ; PORTOLANI, M. *Data Center Fundamentals*: understand data center network design and infrastructure architecture, including load balancing, SSL, and security. Indianopolis: Cisco Press, 2004.

ASSOCIAÇÃO BRASILEIRA DE NORMAS TÉCNICAS. *NBR 14565*: cabeamento de telecomunicações para edifícios comerciais. Rio de Janeiro: ABNT, 2013.

MARIN, P. S. A TIA (Telecommunications Industry Association) publica as novas normas para cabeamento de telecomunicações em edifícios comerciais. *Dr. Paulo Marin:* engenharia & infraestrutura em TI. São Paulo, 2009. Disponível em: http://www.paulomarin.com/june.html. Acesso em: 25 fev. 2014.

ROSSI, F. Data Center II: Técnicas e Práticas para a Construção de uma Instalação Segura. *Teleco*: Tutoriais Infraestrutura. São José dos Campos, 2013. Disponível em: <http://www.teleco.com.br/tutoriais/tutorialdcseg2/default.asp>. Acesso em: 20 mar. 2014.

THE GREEN GRID. Documentação Data Center. Disponível em www.thegreengrid.org. Acesso em 18/02/2014.

TRIPLICA número de casas com computador, diz IBGE. *Folha de São Paulo*, São Paulo, 16 nov. 2011. Mercado. Disponível em: <http://www1.folha.uol.com.br/mercado/2011/11/1007350-triplica-numero-de-casas-com-computador-diz-ibge.shtml>. Acesso em: 20 mar. 2014

capítulo 9

Codificação e sinalização

Dados digitais diferem dos analógicos, pois estes adquirem valores contínuos, enquanto aqueles apresentam um conjunto discreto de valores. Quando estudamos redes de computadores, estamos analisando a transmissão de dados digitais, uma vez que os computadores são equipamentos que armazenam e manipulam esse tipo de informação. Mesmo que a informação original transmitida seja analógica, como a voz, ela deverá ser digitalizada para trafegar em uma rede. Este capítulo analisa o nível físico da arquitetura OSI (Open System Interconnection) e o ajudará a compreender de que forma os dados digitais são codificados e sinalizados para que ocorra a comunicação de dados em meios de transmissão.

Objetivos de aprendizagem

» Identificar a base teórica que explica os limites da sinalização.
» Identificar os principais problemas associados à transmissão de dados por um meio.
» Interpretar o funcionamento da sinalização digital e distinguir os esquemas de codificação existentes.
» Reconhecer o funcionamento da sinalização analógica.
» Distinguir o funcionamento dos esquemas de modulação.

>> Introdução

Os conceitos matemáticos e físicos determinam os limites de um canal de comunicação de dados. Por isso é importante que o profissional da área de redes de computadores tenha conhecimento sobre esses limites, reconhecendo que eles existem e que são baseados em estudos científicos clássicos.

A transmissão de dados ocorre a partir de um sinal composto, isto é, da composição de várias ondas senoidais com diferentes frequências, amplitudes e fases, conforme a análise de Fourier. A partir dos achados de Shannon, pode-se afirmar que a velocidade de transmissão suportada por um determinado canal é dada pelo tamanho da faixa de frequências utilizada para a transmissão e pela relação entre a potência do sinal e a potência do ruído. *Quanto maior for a faixa de frequências e menor for o ruído, maior será a velocidade.*

A faixa de frequências que pode ser utilizada em um determinado canal de comunicação de dados é chamada de **banda passante.** O tamanho da banda passante, isto é, a diferença entre a maior e a menor frequência é chamada de **largura de banda**.

>> PARA SABER MAIS

Para saber mais sobre os limites de velocidade dos meios de comunicação, procure estudar estes três trabalhos basilares, descritos nos livros de redes de computadores citados nas referências ao final do capítulo:

- Análise de Fourier sobre a decomposição de funções periódicas em funções senoidais.
- Taxa de bits de Nyquist sobre a velocidade máxima teórica de um canal sem ruído.
- Capacidade de um canal de Shannon sobre a velocidade máxima teórica de um canal com ruído.

A capacidade de um canal, de acordo com Shannon, é obtida pela fórmula $C = B \times \log_2 (1 + S/R)$, onde **C** corresponde à capacidade em bps (bits por segundo); **B** é a largura de banda do canal; e **S/R** é a relação sinal-ruído medida em decibéis. Pela fórmula, fica evidente que capacidade é diretamente proporcional à largura de banda e inversamente proporcional à quantidade de ruído (veja o exemplo a seguir).

> **EXEMPLO**
>
> Façamos uma analogia com um encanamento, em que os dados correspondem à água e a largura de banda é o cano por onde a água passa.
>
> Ou seja:
>
> 1. Quanto mais largo for o cano de água, maior será a vazão na torneira e maior será a capacidade de fazer a água fluir.
> 2. Quanto maior a largura de banda, maior a capacidade de transmitir dados.

A largura de banda de determinado meio de transmissão de dados não é infinita. Existem frequências em que a atenuação e o retardo constituem problemas graves. Não é possível utilizar qualquer espectro de frequências em um dado meio de transmissão. A banda passante que pode ser utilizada em um canal é aquela cujas frequências apresentam atenuação e distorção em níveis suportáveis para o reconhecimento do sinal no destino. Por exemplo, quanto maiores as frequências, maior é a atenuação. Além da questão da banda passante, diferentes tipos de ruído podem limitar a velocidade de transmissão. O Quadro 9.1 resume os fatores que influenciam negativamente na velocidade de transmissão.

Quadro 9.1 » Principais dificuldades para a transmissão de dados

Tipo de problema	Descrição
Atenuação	Diminuição da potência do sinal.
Distorção de retardo	Diferença na velocidade de propagação em diferentes frequências, com alteração na forma final do sinal composto.
Ruído térmico	Agitação térmica dos elétrons no condutor inerente a qualquer transmissão.
Ruído de intermodulação	Interferência de canal de transmissão adjacente (faixas de frequências próximas).
Ruído do tipo linha cruzada	Interferência causada por outro par de fios.
Ruído impulsivo	Ruído causado por um pulso que não ocorre de forma constante.

>> Tipos de sinalização

O termo **sinalização** diz respeito à forma como o sinal é injetado no meio de comunicação para transmissão. Não se deve confundir o tipo de sinalização com o tipo de informação que está sendo transmitida – estamos analisando a transmissão de dados digitais. Tais dados podem ser transmitidos utilizando sinalização digital ou analógica. De qualquer maneira, a informação continua apresentando um conjunto discreto de valores. Uma sinalização analógica não implica um intervalo contínuo de valores. Nas redes de computadores, a sinalização analógica tem como função codificar número discreto de valores.

>> CURIOSIDADE

Atualmente, há um processo de convergência de tecnologias, em que mesmo dados analógicos, como a voz, são transmitidos em canais originalmente criados para dados digitais. Como exemplo, citamos o uso de telefones VoIP (*Voice over IP*). Nesse caso, o dado analógico é primeiramente digitalizado.

>> Sinalização digital

A **sinalização digital** também é conhecida como sinalização banda base ou DC. É realizada utilizando níveis de voltagens diferentes para representar os valores 0 e 1, e constitui-se em um método barato para transmissão de dados. Nessa sinalização, toda a largura de banda é utilizada para uma única transmissão, incluindo as frequências próximas de zero.

>> CURIOSIDADE

No livro *Redes de Computadores: uma abordagem top-down*, Forouzan e Mosharraf (2013) utilizam o termo "canal passa-baixas" para caracterizar um espectro de frequências significativas que inicia em zero. Devido à distorção, a sinalização digital não pode ser utilizada para grandes distâncias.

Existem diferentes métodos de codificação para a sinalização digital. Pelo menos três grupos se destacam (veja a seguir).

Codificação polar

A característica básica das **codificações polares** é que a tensão oscila entre um valor positivo e um valor negativo. A Figura 9.1 apresenta uma ilustração dos esquemas NRZ-L e NRZ-I.

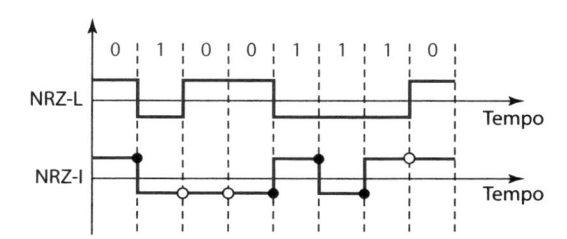

Figura 9.1 Codificações NRZ-L e NRZ-I.
Fonte: Forouzan (2008).

- Codificação NRL-L: cada nível de tensão define o valor do bit (positivo igual a 0 e negativo igual a 1); a transmissão de uma longa sequência de qualquer um dos valores pode causar problemas na recepção.
- Codificação NRZ-I: o valor do bit é determinado pela mudança de estado (manutenção da tensão igual a 0 e alteração da tensão igual a 1); a transmissão de uma longa sequência de zeros pode causar problemas na recepção.

Os problemas de recepção quando da manutenção do sinal ocorrem porque a constância da potência do sinal transmitido causa alteração no cálculo da média efetiva de potência do sinal, impedindo uma correta decodificação do sinal, e prejudica o sincronismo entre o transmissor e o receptor.

A fim de corrigir o problema de sincronização das codificações NRZ, pode-se utilizar o método RZ. Como pode ser visto na Figura 9.2, o sinal muda durante a transmissão do bit, e não entre cada um. No entanto, tal método não é mais utilizado pelas dificuldades de implementação.

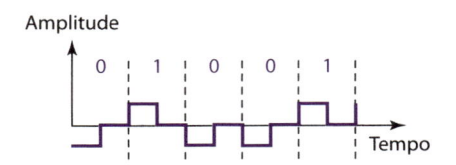

Figura 9.2 Codificação RZ.
Fonte: Forouzan (2008).

Outras codificações apresentam melhor desempenho do que a RZ. Tratam-se da Manchester e da Manchester Diferencial, nas quais também acontece um deslocamento de voltagem no meio do bit. O funcionamento delas pode ser resumido da seguinte maneira:

- Manchester: a cada transição que ocorre no meio do sinal, é definido um valor (transição para tensão negativa indica 0, transição para tensão positiva indica 1).
- Manchester diferencial: apresenta o mesmo esquema de transição de tensão no meio do bit que a sinalização Manchester, mas realiza a transição no início do bit apenas para o valor 0.

A Figura 9.3 ilustra as codificações Manchester e Manchester Diferencial.

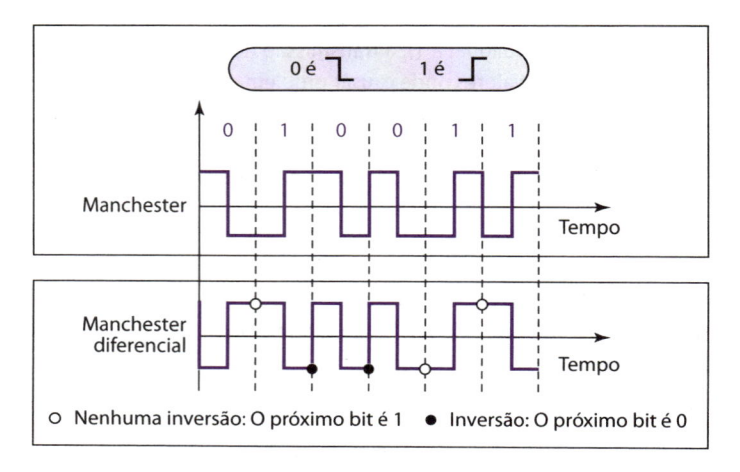

Figura 9.3 Codificações Manchester e Manchester Diferencial.
Fonte: Forouzan (2008).

Codificação bipolar

As características básicas das **codificações bipolares** são a existência de **três níveis de tensão** (positivo, negativo e zero) e a representação de um valor de bit na tensão zero e do outro valor para qualquer outro nível de tensão.

> ## » EXEMPLOS
>
> As codificações AMI (*Alternate Mark Inversion*) e pseudoternária são dois exemplos de esquema bipolar.
>
> **Codificação AMI**
> - A tensão zero representa o valor 0.
> - As tensões positiva e negativa, o valor 1.
> - A cada 1 enviado, é usada a tensão positiva ou negativa de forma alternada.
> - Pseudoternária
> - A tensão zero representa o valor 1.
> - As tensões positiva e negativa, o valor 0.
> - A cada 0 enviado, é usada a tensão positiva ou negativa de forma alternada.

A Figura 9.4 apresenta os métodos AMI e pseudoternário. É possível identificar que um corresponde ao inverso do outro.

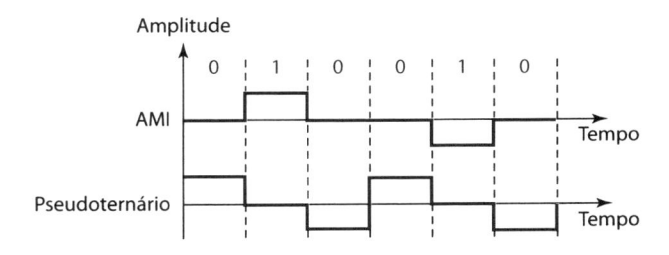

Figura 9.4 Codificações AMI e pseudoternária.
Fonte: Forouzan (2008).

Codificação multinível

As codificações do tipo **multinível** apresentam como característica principal o envio de mais bits a cada sinalização, a cada variação do sinal. Por exemplo, o sistema 2B1Q (2 binário, 1 quaternário) apresenta quatro níveis de sinal. Com quatro níveis, a cada sinalização, é possível enviar dois bits (Figura 9.5).

Bits seguintes	Nível anterior: positivo — Nível seguinte	Nível anterior: negativo — Nível seguinte
00	+1	-1
01	+3	-3
10	-1	+1
11	-3	+3

Tabela de transição

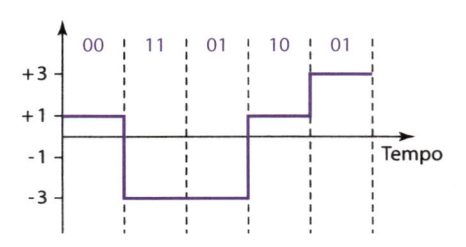

Supondo-se nível original positivo

Figura 9.5 Codificações 2B1Q.
Fonte: Forouzan (2008).

Em sinalizações do tipo multinível, pode-se dizer que a velocidade de sinalização é diferente da velocidade em bps (taxa de sinalização diferente da taxa de transmissão). Por isso, utiliza-se outra unidade para medir a velocidade de sinalização. Tal unidade é conhecida como baud. A relação entre a taxa de sinalização e a taxa de transmissão propriamente dita é dada pelo número de bits transmitido em cada pulso ou pelo número de níveis, conforme as fórmulas abaixo.

$$\text{taxa de transmissão (bps)} = \text{taxa de sinalização (baud)} \times \text{número de bits por pulso}$$

$$\text{taxa de transmissão (bps)} = \text{taxa de sinalização (baud)} = \log_2(\text{número de níveis})$$

» Sinalização analógica

A **sinalização analógica** é também conhecida como sinalização banda larga, AC, ou modulada. É realizada utilizando-se uma onda básica denominada **portadora**, que terá alguma de suas características modificada para sinalizar os valores 0 e 1. Nessa sinalização, é empregada uma faixa de frequências para uma transmissão de dados, ao contrário da sinalização digital, que usa todo o espectro disponível.

A faixa escolhida será aquela mais adequada para o meio no que diz respeito à distorção do sinal. Forouzan e Mosharraf (2013) utilizam o termo "canal passa-faixa" para caracterizar um espectro de frequências significativas que pode iniciar em um valor superior ao zero. Em inglês, o termo utilizado é *passband*.

O conceito principal no contexto da transmissão analógica é o de modulação. A **modulação** é a transformação de um sinal digital em um sinal analógico com o objetivo de transmitir dados. A ideia fundamental é modificar alguma característica de uma onda senoidal (amplitude, frequência ou fase) para codificar um dado digital. Dessa forma, existem três tipos básicos de modulação, conforme o Quadro 9.2.

> **» IMPORTANTE**
> O nome do dispositivo que converte o sinal digital para analógico, e vice-versa, é **modem** (modulador/demodulador).

Quadro 9.2 » Tipos básicos de modulação

Sigla	Significado	Descrição
ASK	Modulação por chaveamento de amplitude	Os valores 0 e 1 são representados por amplitudes de sinal diferentes.
FSK	Modulação por chaveamento de frequência	Os valores 0 e 1 são representados por frequências de sinal diferentes. Utiliza-se FSK multinível para transmitir mais de um bit a cada variação da frequência.
PSK	Modulação por chaveamento de fase	Os valores 0 e 1 são representados de acordo com a fase da onda portadora. Utiliza-se PSK multinível, denominado QPSK (PSK em quadratura).

As Figuras 9.6, 9.7 e 9.8 apresentam, respectivamente, ilustrações com simplificações das modulações ASK, FSK e PSK.

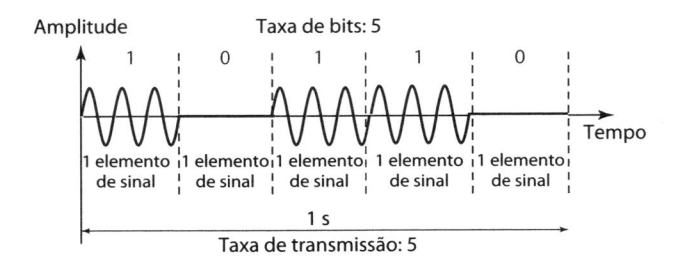

Figura 9.6 Modulação em amplitude.
Fonte: Forouzan (2008).

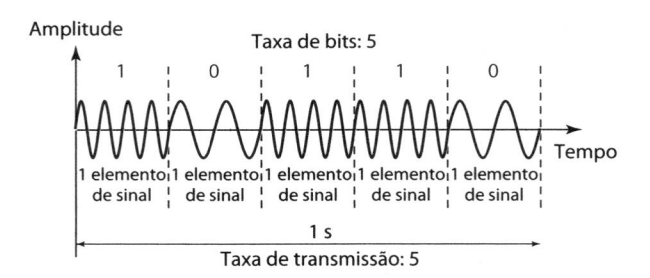

Figura 9.7 Modulação em frequência.
Fonte: Forouzan (2008).

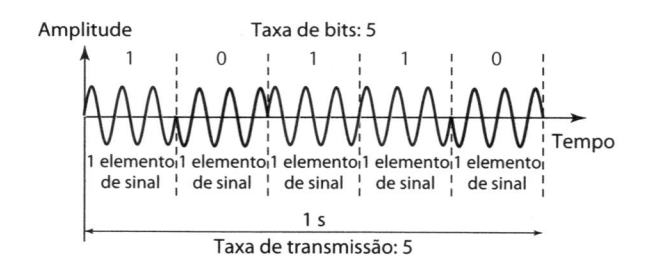

Figura 9.8 Modulação em fase.
Fonte: Forouzan (2008).

O estudo dos três métodos básicos de modulação é importante para a compreensão do que é e de como funciona a modulação. Porém, o método mais utilizado de modulação é o **QAM** (Modulação em Amplitude por Quadratura), que combina a modulação em amplitude com a modulação em fase. São utilizadas duas ondas portadoras: uma em fase e outra em amplitude.

≫ Modulação por Código de Pulsos

Muitas vezes, deseja-se transformar dados analógicos em digitais. Tal transformação é importante na medida em que o sinal digital é menos suscetível a ruídos. Como exemplo, podemos considerar o áudio digital. O som é uma informação analógica. Nosso aparelho auditivo capta um intervalo contínuo de frequências e amplitudes. Porém, em diversas situações, ele se encontra armazenado e é transmitido de forma digital. Em DVDs, *Blue-Rays*, ou arquivos de áudio, o áudio está armazenado de forma digital. Em uma rede de computadores, ele é transmitido de forma digital.

A **Modulação por Código de Pulsos** (*Pulse-Code Modulation*, ou PCM) é justamente uma técnica para realizar uma conversão de um dado analógico para digital. Por exemplo, é possível converter a informação analógica da saída de um microfone para uma informação digital que será gravada em um arquivo ou que será transmitida por uma rede. A modulação por código de pulsos apresenta três fases distintas:

Amostragem: o sinal analógico é amostrado em uma determinada frequência chamada de taxa de amostragem. A taxa de amostragem deve ser, pelo menos, duas vezes o valor da frequência máxima da informação original (teorema de Nyquist). O resultado da amostragem será uma série de pulsos com amplitudes correspondentes às amplitudes lidas no sinal original.

Quantização: os pulsos são distribuídos em zonas predefinidas. A Figura 9.9 apresenta a amostragem e a quantização, utilizando-se 16 zonas. Quanto mais níveis de quantização, maior será a fidelidade em relação ao sinal original. Na digitalização de áudio há, geralmente, 256 níveis; na de vídeo, milhares.

Codificação: após a quantificação, é realizada a codificação, que é a tradução do nível quantificado para um código de bits. O código de bits será proporcional ao número de níveis. Em uma quantificação de 8 níveis, a codificação utilizará 3 bits para cada amostra; em uma quantificação de 256 níveis, 8 bits.

> **ATENÇÃO**
>
> A fim de calcular a capacidade necessária de um canal para transmitir, utilizando PCM, basta aplicar as seguintes fórmulas:
>
> - Taxa de transmissão = taxa de amostragem × número de bits por amostra
> - Número de bits por amostras = $\log_2$ (número de níveis da quantificação)
> - Para transmitir voz (0-4000Hz) = são necessárias 8.000 amostras por segundo. Se forem utilizados 256 níveis de quantificação, será preciso um canal de 64kbps.

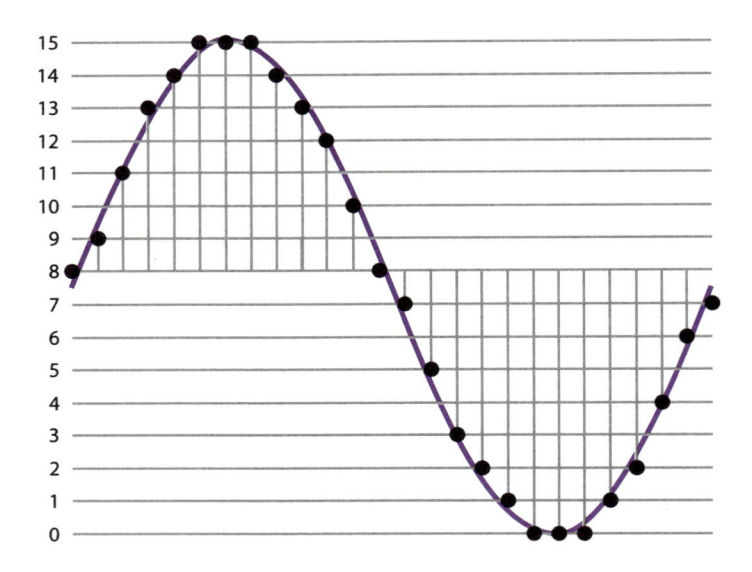

Figura 9.9 Amostragem e quantização do dado analógico.
Fonte: dos autores.

A recuperação da informação original é feita por um decodificador PCM que primeiramente gerará um sinal quadrado a partir da decodificação dos pulsos. Tal sinal será suavizado por um filtro para transformação em informação analógica.

Agora é a sua vez!

1. Descubra qual é a banda passante de uma fibra óptica.
2. Pesquise na Internet qual é o esquema de codificação utilizado em redes Ethernet.
3. Pesquise na Internet qual é a largura de banda utilizada para o download de dados na rede das TVs a cabo.
4. De que forma ocorre a transmissão de dados?

>> Agora é a sua vez!

5. Discuta com seus colegas se as afirmações abaixo são verdadeiras ou falsas:
    a. *Quanto menor for a faixa de frequências e menor for o ruído, maior será a velocidade.*
    b. *O tamanho da banda passante é a diferença entre a maior e a menor frequência.*
    c. *A banda passante determina a largura de banda.*
    d. *Ruído térmico é a diminuição da potência do sinal.*
    e. *Ruído impulsivo é o ruído causado por um pulso que não ocorre de forma constante.*
6. Descreva as diferenças entre sinalização digital e sinalização analógica.
7. Quais são os métodos de codificação utilizados na sinalização digital? Qual deles você considera o mais eficiente e por quê?
8. Descreva as fases do PCM e dê exemplos para cada uma.

REFERÊNCIAS

FOROUZAN, B. A. *Comunicação de dados e redes de computadores*. 4.ed. Porto Alegre: McGraw Hill, 2008.

FOROUZAN, B. A. ; MOSHARRAF, F. *Redes de computadores:* uma abordagem top-down. Porto Alegre: AMGH, 2012.

LEITURAS COMPLEMENTARES

STALLINGS, W. *Redes e sistemas de comunicação de dados*. Rio de Janeiro: Campus Elsevier, 2005.

TANENBAUM, A. S. ; WETHERALL, D. J. *Redes de computadores*. 5. ed. São Paulo: Pearson Education – Br, 2011.

capítulo 10

Multiplexação

A multiplexação é o processo de divisão de um tronco de transmissão – meio físico de alta capacidade – em diversos subcanais independentes, permitindo a otimização do uso de sua largura de banda. Existem três técnicas principais de multiplexação: por frequência, por tempo e por código. Neste capítulo, estudaremos os conceitos de multiplexação, suas formas de funcionamento e respectivos exemplos de uso.

Objetivos de aprendizagem

» Explicar o conceito de multiplexação.
» Reconhecer o funcionamento das técnicas de multiplexação por frequência, por tempo e por código.

❱❱ Introdução

A **multiplexação** é a técnica de divisão de um canal de transmissão, denominado tronco, em diversos subcanais. Esse tronco é um meio de transmissão de alta capacidade utilizado na infraestrutura da rede de comunicação para interligação de pontos distantes.

Para sua realização, são utilizados **equipamentos multiplexadores** (MUX), responsáveis pela aquisição dos sinais dos diferentes canais a serem transmitidos, e equipamentos **demultiplexadores** (DEMUX), responsáveis pela divisão dos sinais do tronco em canais com a mesma capacidade dos canais originais. Para os canais originais, o processo de multiplexação deve ser transparente.

A Figura 10.1 apresenta o esquema de funcionamento do processo de multiplexação.

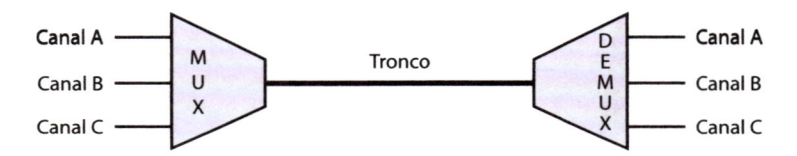

Figura 10.1 Esquema de multiplexação.
Fonte: dos autores.

A utilização da multiplexação permite uma melhor organização e economia por parte das operadoras de telecom, as quais necessitam de uma menor quantidade de material e equipamentos. O objetivo é aproveitar toda a capacidade do tronco de transmissão para o transporte de sinais de diferentes canais.

❱❱ Multiplexação por frequência

A **multiplexação por frequência** ou FDM (*Frequency Division Multiplexing*) é a técnica de divisão do tronco de transmissão em subcanais de frequência. Cada um desses subcanais é utilizado para uma comunicação independente.

Considerando que o tronco de transmissão possui uma capacidade de representação de frequências denominada **largura de banda**, cada subcanal na FDM utilizará uma parte dessa banda. A Figura 10.2 apresenta a divisão da largura de banda do tronco de transmissão considerando Frequência × Tempo (esquerda) e Amplitude × Frequência (direita).

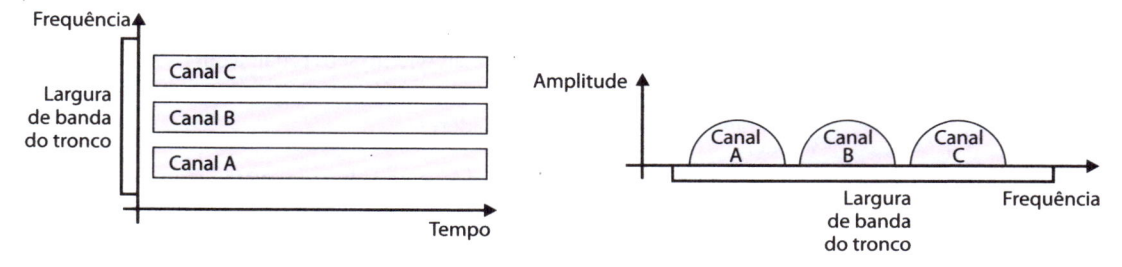

Figura 10.2 Divisão de tronco por FDM.
Fonte: dos autores.

Ao receber os sinais dos canais originais, o multiplexador altera as características de frequência de cada canal para que sejam colocados nos subcanais adequados. Após essa alteração dos sinais, o multiplexador pode inserir os sinais de todos os canais no tronco. O demultiplexador, por sua vez, recebe todos os sinais ao mesmo tempo e desfaz as modificações de frequência antes de inserir os sinais nos canais de saída adequados. Essa técnica é utilizada principalmente em transmissões analógicas. A seguir, vamos analisar algumas aplicações práticas da FDM.

> **» DICA**
> Na Figura 10.2, cada subcanal aproveita parte da largura de banda durante todo o tempo, transmitindo em paralelo com os demais canais.

» Sistema telefônico fixo analógico

A **estrutura telefônica** fixa possui uma organização hierárquica de equipamentos e conexões físicas, permitindo que aparelhos residenciais se comuniquem através de *loops* locais e troncos de comunicação. Cada *loop* local representa um par trançado ligando um aparelho telefônico a uma estação final, conforme a Figura 10.3.

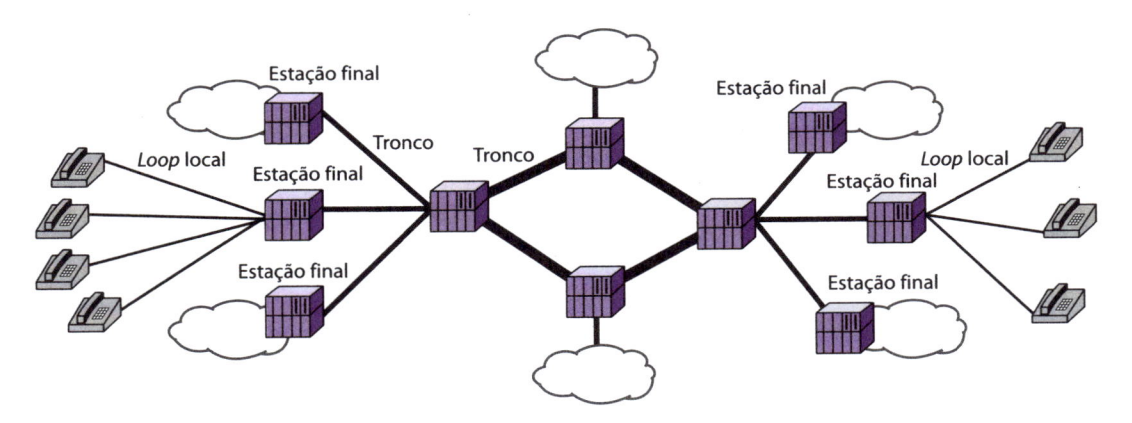

Figura 10.3 Sistema telefônico fixo.
Fonte: dos autores.

O *loop* local da Figura 10.3 é um canal de transmissão que será multiplexado na estação final. Diversas estações finais enviam seus canais a outros multiplexadores capazes de organizar os canais para que sejam entregues ao destino correto, utilizando equipamentos comutadores.

Da mesma maneira que na figura 10.2, cada ligação telefônica, ao ser recebida pelo multiplexador, possui suas características de frequência alteradas para um canal de frequência do tronco. A partir desse momento, cada ligação é transmitida em um canal de frequência entre multiplexadores até atingir a estação final destino. Durante toda a ligação telefônica, existe um conjunto de subcanais de frequência entre os dois aparelhos telefônicos. Esse circuito é estabelecido no início da ligação e só será desfeito no término dela.

Para um melhor aproveitamento do tronco, estabeleceu-se que cada canal de voz possui uma banda de 4KHz, o que é o suficiente para a representação da voz humana (qualidade de voz). Essa limitação de banda é realizada por meio da filtragem – e descarte – de frequências abaixo de 300Hz e acima de 3.400Hz feita pela estação final. Com uma banda de resguardo, chega-se a 4KHz.

Atualmente, nos sistemas de telefonia fixos digitais, não utilizamos mais a FDM nos troncos de transmissão. Os *loop* locais ainda são analógicos; porém, quando os sinais de voz são recebidos na estação final, são traduzidos para bits através de PCM (*Pulse Code Modulation*) e transmitidos nos troncos de comunicação utilizando multiplexação TDM Síncrona, que veremos adiante.

Radiofrequência

Outro exemplo de utilização do FDM é a transmissão de sinais através de **radiofrequência**. O espectro de radiofrequência é composto por ondas eletromagnéticas, classificadas de acordo com sua frequência e comportamento. Fazem parte deste espectro ondas de:

- Rádio
- Micro-ondas
- Infravermelhos
- Luz visível
- Raios ultravioletas
- Raios X
- Raios gama
- Raios cósmicos

A comunicação de dados utiliza principalmente as ondas de rádio, micro-ondas e infravermelho. É dentro dessa faixa de espectro que temos as ondas de rádio AM, FM, TV (UHF, VHF), comunicações com satélites, redes sem fios, etc.

Tomando como exemplo as rádios AM e FM, notamos que foi atribuída a cada estação de rádio uma onda portadora em uma frequência específica. Essa onda portadora é modulada em amplitude (AM) ou frequência (FM) e transmitida por antenas. A utilização dessa onda portadora modulada com o áudio cria um canal de transmissão independente. Nesse caso, não existe um equipamento multiplexador, pois cada estação de rádio transmite sua onda portadora diretamente no tronco de comunicação (espaço). A Figura 10.4 apresenta um exemplo de transmissão de sinais de rádio.

> **» IMPORTANTE**
> Os equipamentos que utilizam comunicação por ondas eletromagnéticas (radiofrequência) utilizam a multiplexação FDM como forma de organizar o espectro eletromagnético em subcanais.

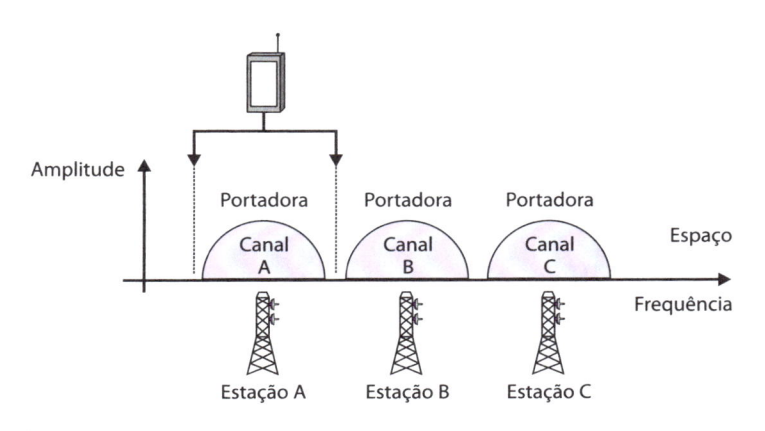

Figura 10.4 Transmissão de sinais de rádio.
Fonte: dos autores.

Na Figura 10.4 temos três estações transmissoras de rádio, cada qual transmitindo áudio modulado em uma onda portadora. O equipamento de recepção que utilizamos para escutar música (nosso rádio) possui uma largura de banda de recepção predefinida, com capacidade de obtenção de um canal de transmissão. Ao sintonizarmos o rádio em uma onda portadora, estamos recebendo o sinal modulado por apenas uma estação. O rádio remove o sinal da portadora (soma com fase inversa) e o resultado dessa operação é o áudio original que escutamos.

> **» DICA**
> Nos rádios mais antigos, com sintonia analógica, é possível escutarmos duas transmissões simultâneas ao sintonizar no espaço de frequência entre dois canais.

De forma idêntica, às rádios AM e FM e a transmissão de imagens (televisão) segue o mesmo princípio de divisão do espectro eletromagnético em canais, assim como os diferentes canais de uma rede sem fios, a divisão entre operadoras da telefonia celular, os canais de um brinquedo de controle remoto, etc.

» ADSL

Como visto anteriormente, um canal de voz possui uma limitação de banda de 4KHz. Essa banda é suficiente e adequada para o transporte de sinais de voz, porém é insuficiente para o transporte de dados de aplicações modernas. Na década de 1990, utilizava-se esse canal de voz para o transporte de dados através de equipamentos de *fax-modem*, os quais modulavam em uma onda portadora os sinais que representavam bits. No final dessa mesma década, atingiu-se o limite da capacidade desse canal com os modems v92, os quais atingiam a vazão de 56Kbps para *download* (quando o provedor de acesso possuía uma ligação digital dedicada com a operadora de telefonia) e 48Kbps para *upload*.

A tecnologia do **aDSL** (*Asymmetric Digital Subscriber Line*) surgiu ao se analisar a capacidade muito superior de banda do *loop* local. Essa banda era desperdiçada ao ser filtrada pelo multiplexador da estação final. Com a possibilidade de representar frequências acima dos 3.400KHz, criaram-se dois novos canais de frequência separados do canal de voz: um para *download* de dados, outro para *upload* de dados. Então, surgiram os modems aDSL.

» CURIOSIDADE

O termo "assimétrico" vem dos canais diferentes em banda e, consequentemente, da velocidade para *upload* e *download* de dados. A definição das frequências dependem da versão aDSL em uso e das características físicas do *loop* local.

A Figura 10.5 apresenta a divisão de canais no *loop* local utilizada em modems aDSL.

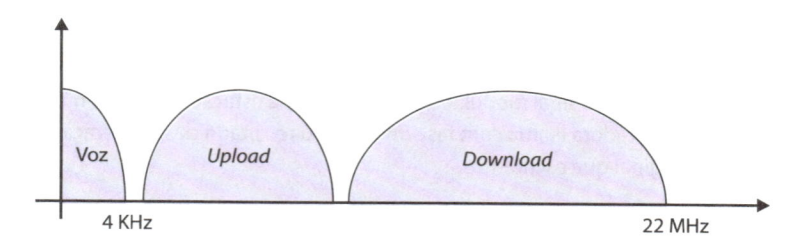

Figura 10.5 Divisão de canais aDSL.
Fonte: dos autores.

Na estação final, um equipamento demultiplexador recebe esses canais e direciona o que é do canal de voz para a rede de telefonia de voz, e dos canais de *upload* e *download* para a Internet. O nome desse equipamento é **Multiplexador de Acesso a Linha Digital de Assinante** (DSLAM ou *Digital Subscriber Line Access Multiplexer*).

≫ Multiplexação por tempo

A **multiplexação por tempo**, ou TDM (*Time Division Multiplexing*), cria subcanais (*slots*) de tempo para a transmissão dos sinais no tronco de transmissão. Cada canal original ligado ao multiplexador utiliza uma ou mais fatias de tempo para sua transmissão. O TDM é utilizado principalmente para transmissão de sinais digitais; porém, também é aplicável em sinalização analógica.

A multiplexação pode ser síncrona ou assíncrona, dependendo da política de utilização dos *slots*.

≫ TDM Síncrono

A multiplexação por tempo síncrona se caracteriza pela existência de uma fatia de tempo para cada canal original. Os sinais de um canal são sempre alocados para a mesma fatia de tempo e, caso não existam sinais a serem transmitidos em um canal, a fatia de tempo reservada a ele será desperdiçada.

A Figura 10.6 exemplifica o funcionamento da multiplexação por tempo síncrona.

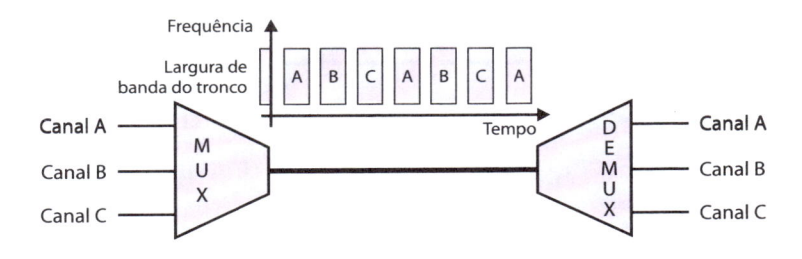

Figura 10.6 Multiplexação por tempo síncrona.
Fonte: dos autores.

A implementação da multiplexação por tempo síncrona é bastante simples, desde que os equipamentos de multiplexação e demultiplexação estejam sincronizados. Esse tipo de multiplexação possui alto desempenho e pode funcionar por entrelaçamento de bits, onde um bit de cada canal é transmitido no tronco por vez, ou por entrelaçamento de bytes, onde um byte de cada canal é transmitido por vez. A segunda maneira é a mais comum.

> **DICA**
> Na multiplexação por tempo síncrona, a capacidade de transmissão do tronco deve ser, obrigatoriamente, a soma das capacidades dos canais originais.

Um exemplo de utilização do TDM síncrono pode ser observado nos troncos E1, utilizadas pelas operadoras de telecom para transmissão de canais de voz e dados. Os troncos E1 possuem a capacidade de transmissão de 32 canais de 64Kbps e utilizam 2 canais para manter o sincronismo entre multiplexador e demultiplexador. Ou seja, esses troncos de transmissão possuem a capacidade de transportar 30 canais de voz. O TDM Síncrono é utilizado em troncos de comunicação de telefonia fixa digital.

TDM Assíncrono

A **multiplexação por tempo assíncrona**, da mesma forma que o TDM síncrono, também cria fatias de tempo para a transmissão dos canais no tronco. A diferença está no fato de que as fatias de tempo não estão vinculadas a nenhum canal original, ou seja, podem ser utilizadas por qualquer canal que estiver transmitindo. Um canal ocioso, por exemplo, não irá provocar o desperdício de uma fatia de tempo.

A Figura 10.7 exemplifica o funcionamento da multiplexação por tempo assíncrona.

> **IMPORTANTE**
> Um canal de voz possui a necessidade de representação de frequências até 4Khz. Para representar canais de 4KHz, é preciso, no mínimo, 8.000 amostras por segundo (8Khz de amostras), utilizando a técnica de PCM. Com 8KHz de amostras e 8 bits por amostra, conclui-se que um canal de voz precisa de 64Kbps.

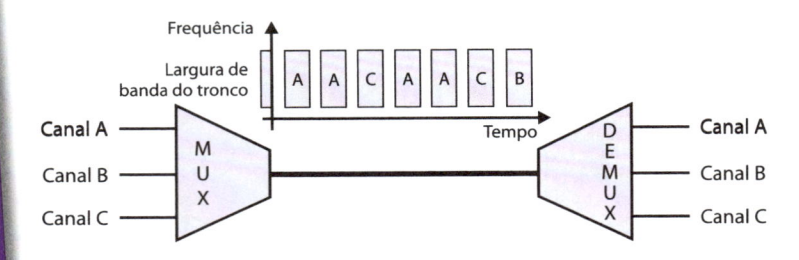

Figura 10.7 Multiplexação por tempo assíncrona.
Fonte: dos autores.

Considerando que existirá ociosidade de canais, o TDM assíncrono não obriga o tronco a possuir a capacidade de transmissão equivalente à soma dos canais originais. Isso torna essa tecnologia mais eficiente, porém suscetível a situações de congestionamento.

> **DICA**
> O TDM assíncrono possui implementação mais complexa, porém é mais eficiente para o transporte de dados que o TDM síncrono.

Não existe também a necessidade de sincronismo entre multiplexador e demultiplexador a nível de canal de entrega. Isso se deve ao fato de que as fatias de tempo não possuem uma ordem de entrega predefinida como no TDM síncrono. O transporte fora de ordem dos canais obriga o TDM assíncrono a identificar cada fatia de tempo com um ID de canal de entrega em um cabeçalho por *slot* de tempo, criando um *overhead* no processo.

>> EXEMPLO

Aplicação de GSM/GPRS

Antes de vermos a multiplexação por código, vamos analisar um exemplo prático da utilização das técnicas FDM, TDM síncrono e assíncrono no mesmo meio de transmissão, ao mesmo tempo.

As redes de telefonia celular GSM operam por meio da troca de sinais de radiofrequência entre aparelho celular e estação rádio-base ERB (torre). As ERBs são responsáveis pela criação de uma ou mais células de acesso. Cada célula GSM deve ser capaz de suportar até 200 canais de frequência utilizando FDM.

Quando um aparelho celular inicia a comunicação com a ERB, ambos negociam um subcanal de frequência a ser utilizado para a transmissão de sinais. O celular funciona modulando os sinais em uma onda portadora da mesma maneira que uma estação de rádio. Temos nesse processo a divisão do tronco de comunicação (o espaço) em fatias de frequência, ou seja, FDM.

Cada subcanal de frequência GSM possui 8 *slots* de tempo a serem utilizados, permitindo que 8 comunicações ocorram utilizando-se a mesma frequência. Após a definição de canal de frequência, o aparelho celular negocia com a ERB qual dos 8 *slots* de tempo utilizará para a comunicação. Cada *slot* de tempo possui a capacidade de 14,4Kbps – suficiente para a transmissão de voz utilizando PCM e compressão de dados. Temos então a multiplexação por tempo síncrona dentro de um subcanal de frequência.

Quando falamos ao celular, nossa voz é digitalizada através de PCM no próprio aparelho e os bits resultantes desse processo são modulados em uma onda portadora de frequência negociada entre aparelho e ERB. Essa onda portadora é transmitida em fatias de tempo predeterminadas. Esse processo permite uma enorme economia de recursos (banda) na comunicação GSM.

A Figura 10.8 apresenta a alocação de um canal de frequência e um *slot* de tempo para uma ligação de voz em rede GSM.

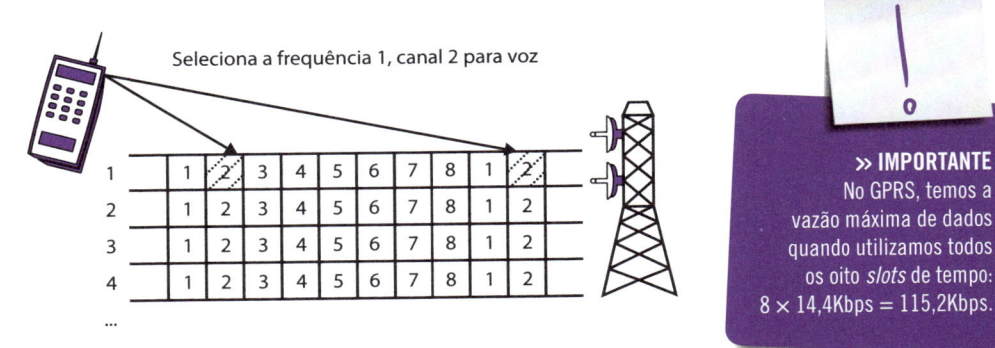

>> **IMPORTANTE**
No GPRS, temos a vazão máxima de dados quando utilizamos todos os oito *slots* de tempo:
$8 \times 14{,}4\text{Kbps} = 115{,}2\text{Kbps}$.

Figura 10.8 Canal de voz GSM.
Fonte: dos autores.

» EXEMPLO (*continuação*)

A utilização de um canal com capacidade de 14,4Kbps provou ser suficiente para a transmissão de voz, porém não é adequada para um canal de dados. Considerando a necessidade de prover um conjunto maior de serviços por meio da utilização de canais de dados, criou-se a tecnologia GPRS sobre a GSM.

O GPRS utiliza a estrutura GSM para a criação de canais de dados aproveitando os *slots* de tempo ociosos em um canal de frequência. Imaginando que um aparelho esteja utilizando um canal de voz (TDM síncrono) e ao mesmo tempo decida transmitir dados com GPRS, e que nenhum outro aparelho esteja utilizando o mesmo subcanal de frequência, teremos um canal sendo utilizado pela voz e os outros sete canais para dados. A utilização de sete canais permite a comunicação de dados a uma vazão de 7 × 14,4Kbps, ou seja, aproximadamente 100Kbps (TDM Assíncrono). Esse exemplo é apresentado na Figura 10.9.

> **» DICA**
> A partir do GPRS, novas forma de aproveitamento do meio e aumento da eficiênciana representações de bits permitiram a evolução da transmissão de canais de dados em aparelhos móveis.

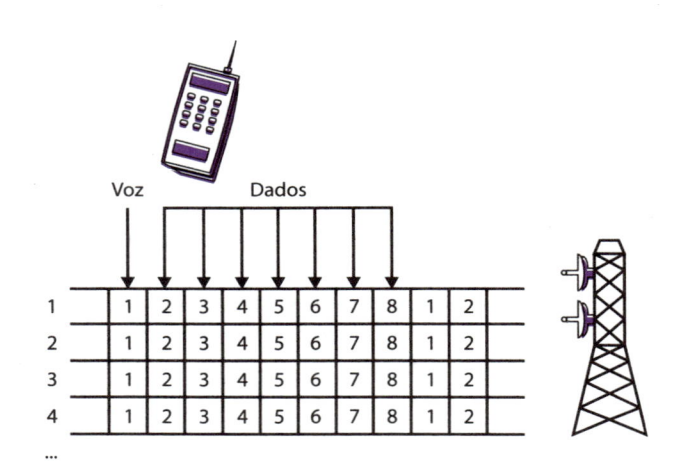

Figura 10.9 Canal de dados GPRS.
Fonte: dos autores.

Multiplexação por código CDM

A utilização de radiofrequência para transmissão de sinais é limitada pela sua robustez em relação à forma com a qual realiza o tratamento de interferências. Muitos esforços foram feitos para que situações de interferências fossem detectadas e tratadas por equipamentos de comunicação. A **multiplexação por código CDM** (*Code Division Multiplexing*) é o resultado desse esforço.

No CDM, os subcanais são transmitidos na mesma frequência e ao mesmo tempo, sobrepondo-se e causando interferência mútua. Para que os canais possam ser demultiplexados, é necessário que cada canal possua uma assinatura única, ou seja, uma forma de transmissão que o diferencie dos demais. Se cada canal tiver essa forma de diferenciação, a multiplexação e a demultiplexação são possíveis.

A base para que o CDM funcione são as **técnicas de espalhamento espectral** (*spread spectrum*), as quais utilizam canais de frequência de grande largura de banda para distribuição dos sinais da transmissão. Para compreender essas técnicas, imagine uma sequência de bits sendo moduladas em uma onda portadora e, antes da transmissão, esse sinal modulado sendo distribuído em um grande espectro de frequência (alterando novamente a onda). O receptor deve, então, coletar esse sinal espalhado e remontar a onda original modulada. Após obter a onda, realiza o processe de demodulação normalmente. Vamos analisar alguns exemplos de técnicas de espalhamento espectral e, posteriormente, como é feita a atribuição do código CDM em uma transmissão.

FHSS

Você já viu um exemplo do **FHSS** (*Frequency Hopping Spread Spectrum*) no Capítulo 1 deste livro, ao estudar o bluetooth. Nessa técnica, um canal de grande largura de banda é dividido em subcanais de frequência, e cada subcanal é dividido em *slots* de tempo.

Uma transmissão utiliza um conjunto de *slots* de tempo de diferentes frequências, dividindo a transmissão entre eles de forma pseudoaleatória. A sequência desses saltos é conhecida pelo transmissor e receptor que, de maneira sincronizada, saltam entre os canais de frequência.

A Figura 10.10 apresenta a utilização de um canal com transmissão FHSS.

> **» IMPORTANTE**
> Caso exista uma transmissão não FHSS na mesma faixa de frequência, a interferência irá comprometer apenas parte dos *slots*, sem impossibilitar a comunicação. Isso torna a comunicação FHSS mais resistente a interferências. Ao mesmo tempo, o FHSS irá interferir por pouco tempo na transmissão não FHSS.

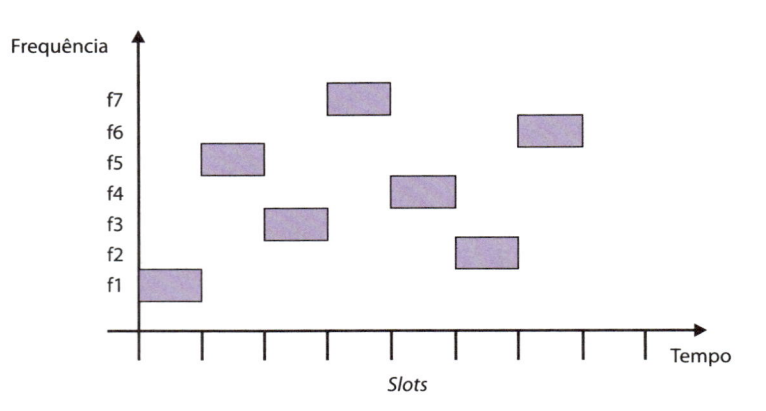

Figura 10.10 Transmissão FHSS.
Fonte: dos autores.

Nota-se que, na Figura 10.10 foram realizados saltos nos subcanais na seguinte sequência: 1, 5, 3, 7, 4, 2, 6. Tanto o transmissor quanto o receptor devem conhecê-la. Cada *slot* de tempo possui uma fração de segundos, denominada **dwell time**. Nas redes bluetooth, por exemplo, são realizados 1.600 saltos por segundo.

» DSSS

A técnica de espalhamento espectral **DSSS** (*Direct Sequence Spread Spectrum*) realiza a transmissão de um sinal distribuindo-o em um grande canal de frequência, com baixa amplitude. O receptor procura nessa grande faixa um sinal homogêneo, de forma a distingui-lo dos demais sinais.

Para equipamentos que não utilizam o DSSS, a baixa amplitude acarreta pouca interferência, ou seja, esses equipamentos consideram uma transmissão DSSS como sendo ruído. Ao mesmo tempo, para um receptor DSSS, qualquer transmissão que não ocupe todo o espectro do canal será desconsiderada, fazendo com que equipamentos não DSSS não interfiram em sua transmissão.

A Figura 10.11 representa uma comunicação DSSS ocorrendo simultaneamente às três comunicações não DSSS em um mesmo canal.

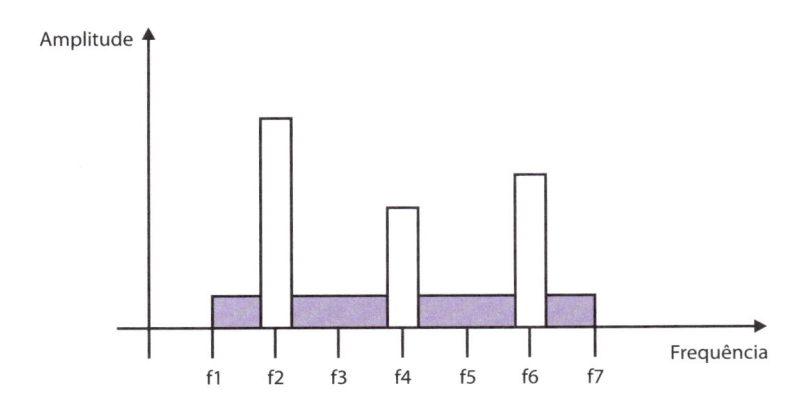

Figura 10.11 Transmissão DSSS.
Fonte: dos autores.

Note, na Figura 10.11, que as comunicações em f2, f4 e f6 possuem uma amplitude maior que a transmissão DSSS, portanto não sofrerão interferência a ponto de impedir suas comunicações. Da mesma forma, para um receptor DSSS, será relativamente simples distinguir o sinal DSSS transmitido das demais comunicações.

Para aumentar a robustez da comunicação, uma transmissão DSSS utiliza uma sequência de sinais para a transmissão de cada bit. Esses sinais são denominados *chips*. Nas redes 802.11b, por exemplo, na vazão de 1Mbps, são utilizados onze *chips* para representar apenas um bit. A Figura 10.12 apresenta a sequência de *chips* utilizada nas redes 802.11 (sequência de Barker).

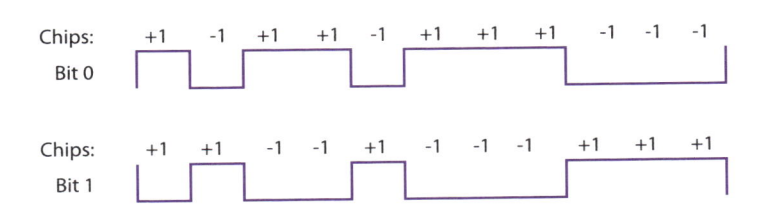

Figura 10.12 Chips para transmissão de bits em DSSS.
Fonte: dos autores.

> **» IMPORTANTE**
> As redes 802.11b utilizam DSSS com a sequência de Barker na relação de 11 chips para 1 bit apenas na vazão de 1Mbps. As demais velocidades (2Mbps, 5.5Mbps e 11Mbps) também utilizam esses *chips*, porém, de maneira otimizada, para representar mais bits por *chips*.

Na Figura 10.12, notamos que são necessários 11 sinais diferentes para a transmissão de um único bit. Apesar de parecer desperdício, essa técnica é bastante comum em transmissão de dados e permite que o dado transmitido seja recuperado, mesmo com a perda de grande parte dos sinais enviados.

» OFDM

A técnica de OFDM (*Orthogonal Frequency Division Multiplexing*) realiza o espalhamento do sinal em uma grande faixa de frequência por meio da criação de subcanais de frequência ortogonais que são transmitidos em paralelo.

Essa técnica é similar ao FDM (veja novamente a Figura 10.4). Porém, os canais são sobrepostos de forma ortogonal sem que causem interferência mútua. Além disso, todos os canais são utilizados na transmissão de um par transmissor/receptor em paralelo.

A Figura 10.13 representa a distribuição dos subcanais de frequência.

> **» DICA**
> A comunicação OFDM utiliza toda a faixa de frequência de forma a aproveitar o canal da melhor maneira possível. Atualmente é a técnica de espalhamento espectral mais eficiente, utilizada, por exemplo, nas redes padrão 802.11a, 802.11g, 802.11n e 802.11a/c.

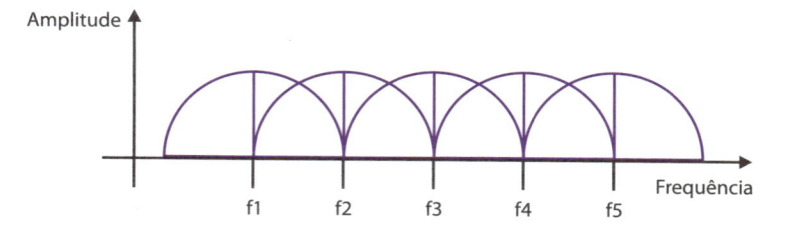

Figura 10.13 Transmissão OFDM.
Fonte: dos autores.

» Aplicação do código no CDM

A **multiplexação por código CDM** (*Code Division Multiplexing*) utiliza espalhamento espectral para a transmissão de sinais modulados. O desafio é transmitir dois sinais de comunicações independentes ao mesmo tempo, utilizando a mesma faixa de frequência e a mesma técnica de espalhamento espectral, sem que a sobreposição impeça sua recuperação.

A solução está na atribuição de uma **assinatura única** (e recuperável) para cada transmissão, conhecida pelo transmissor e receptor. Essa assinatura funciona como um código compartilhado entre eles que permite a recuperação do sinal transmitido.

A assinatura pode ser baseada na atribuição de uma sequência diferente de chips para a representação de bits para cada canal. Dessa forma, cada canal de comunicação utiliza uma sequência de chips diferente para representar o bit 0 e bit 1.

A Figura 10.14 apresenta um exemplo de três canais com sequências diferentes de chips para representar os bits durante a transmissão.

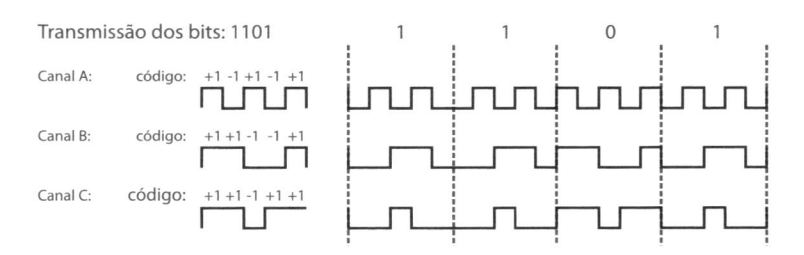

Figura 10.14 Transmissão de CDM.
Fonte: dos autores.

A estação receptora irá buscar no meio de transmissão apenas sinais com a assinatura preestabelecida, ignorando os demais. Com essa técnica de codificação única por canal, todos os canais transmitem os sinais ocupando todo o espectro disponível durante todo o tempo, e mesmo assim os sinais transmitidos são recuperados pelo destinatário.

Agora é a sua vez!

1. Descreva a multiplexação com suas palavras.
2. Quais são os tipos de multiplexação existentes?
3. Quais são as principais aplicações da multiplexação por frequência?
4. Que tipo de multiplexação pode ser síncrona ou assíncrona, dependendo da política de utilização dos *slots*?
5. Quais são as principais técnicas de espalhamento espectral usadas na multiplexação por código?
6. Discuta com seus colegas se as afirmações abaixo são verdadeiras ou falsas:
    a. *A multiplexação por frequência ou FDM é a técnica de divisão do tronco de transmissão em subcanais de frequência.*

Agora é a sua vez!

b. Na multiplexação por frequência, o demultiplexador recebe todos os sinais separadamente e desfaz as modificações de frequência antes de inserir os sinais nos canais de saída adequados.
c. Atualmente, nos sistemas de telefonia fixos digitais, é utilizada a FDM nos troncos de transmissão.
d. Na multiplexação por tempo assíncrona, as fatias de tempo criadas não estão vinculadas a nenhum canal original, podendo ser utilizadas por qualquer canal que estiver transmitindo.
e. No CDM, os subcanais são transmitidos na mesma frequência e ao mesmo tempo, sobrepondo-se e causando interferência mútua.
f. A multiplexação por código não utiliza espalhamento espectral para a transmissão de sinais modulados.